ANOREXIA

Superar los problemas con la alimentación

ANOREXIA

Superar los problemas con la alimentación

José Francisco González Ramírez

Copyright © EDIMAT LIBROS, S. A.
C/ Primavera, 35
Polígono Industrial El Malvar
28500 Arganda del Rey
MADRID-ESPAÑA

ISBN: 84-9764-320-8
Depósito legal: CO-00164-2003

Colección: Superación personal
Título: Anorexia
Autor: José Francisco González Ramírez
Diseño de cubierta: Visión Gráfica
Impreso en: Graficromo S. A.

Reservados todos los derechos. El contenido de esta obra está protegido por la Ley, que establece penas de prisión y/o multas, además de las correspondientes indemnizaciones por daños y perjuicios, para quienes reprodujeren, plagiaren, distribuyeren o comunicaren públicamente, en todo o en parte, una obra literaria, artística o científica, o su transformación, interpretación o ejecución artística fijada en cualquier tipo de soporte o comunicada a través de cualquier medio, sin la preceptiva autorización.

IMPRESO EN ESPAÑA – *PRINTED IN SPAIN*

INTRODUCCIÓN

Presentamos este libro sobre la anorexia que pretende únicamente orientar con sencillez ante el problema que afecta fundamentalmente a mujeres adolescentes.

Aun cuando nos expresemos de modo genérico en masculino (diciendo, por ejemplo: «el anoréxico»), por incluir una población masculina cada año en aumento (según las estadísticas), son ellas, por su números de incidencia, las que están en la base del desarrollo de esta obra.

La anorexia es un trastorno de la alimentación que en los últimos años, quizá por un cierto carácter misterioso que le ha dado la prensa, por los relatos de jóvenes anoréxicas víctimas hasta la muerte, nuestra sociedad se ha sensibilizado por este tema, que, además de no ser puramente biológico, posee carácter fuertemente psicológico y social. El tipo de población que es propensa a sufrir este mal (chicas adolescentes) le da también una dimensión trágica y misteriosa.

A nosotros nos parece que la anorexia es un problema histórico que siempre ha existido. Lo que llama fuertemente la atención es que sea en nuestra época (últimos años) donde el trastorno ha tomado una dimensión casi gigantesca por el incremento incesante de casos. Aunque las causas de la anorexia son muy difíciles de determinar, éstas pueden ser múltiples y muy variadas. Una de las condiciones que la propagan y potencia es nuestro estilo de vida social. Existe una cultura «light» que transmite a los adolescentes una enorme cantidad de valores basura, principalmente a través de los medios de comunicación. Se propaga el canon de cómo debe ser una mujer (delgada y bella) y las consecuencias sobre las adolescentes (crédulas e inmaduras) son de un daño irreparable, además de suponer un gran negocio para muchas empresas. También la presión de los iguales y del ambiente familiar son factores que disparan los casos de este trastorno alimentario.

De todas estas cosas y otras muchas más tratamos en los capítulos que siguen.

El autor

CAPÍTULO I

NATURALEZA DE LA ANOREXIA

Los afectados son fundamentalmente jóvenes

A la anorexia se la considera como una enfermedad con carácter de epidemia, cuya principal población afectada es la de los adolescentes, siendo mucho más acusada en el sexo femenino que en el masculino. Sin embargo, los problemas relacionados con la alimentación afectan a muchos tipos de personas, no sólo a los jóvenes, como trataremos de ver.

Nosotros vamos a llamar a la anorexia mental, o nerviosa, simplemente anorexia, y también hay que tener muy en cuenta que, pese a que creamos que es un trastorno moderno (por la cantidad de casos actuales que se dan en todo el mundo), se conocen sucesos anoréxicos desde muy antiguo, y para que veamos el calado histórico del tema entre los científicos, reproduzco sobre el concepto de «anorexia nerviosa» lo que define en una nota a pie de página un libro de Nicolás Caparrós e Isabel Sanfelíu sobre este trastorno, y a lo que deriva clínicamente otros términos:

«Anorexia mental, histérica, restrictiva, atípica, hipocondríaca, sintomática, pscicopática, partenoanorexia

(Babiski), caquexia, pscicógena, esquizoides (Carrier), neurosis juvenil (Delay), distrofia puberal (Kretschmer), anorexia psicógena (Lafora), anorexia prepsicótica (Nicolle), caquesia nerviosa (Padee), sitiergia (Sollier), anorexia cerebral (Soltmann) y la relación podría seguir.»

Nosotros vamos a llamar a este fenómeno simplemente anorexia.

Se cuentan por miles los adolescentes afectados en España, y en el mundo son millones las personas que se encuentran encarceladas en este terrible trastorno cuya naturaleza es de singularidad psicosomática (psicológica, corporal y social).

José María Nieves nos comenta en un artículo periodístico, titulado *La anorexia; un problema adolescente,* que *«las cifras estremecen y hacen que los especialistas se refieran a la progresiva extensión de este trastorno alimentario como una auténtica epidemia cada vez más difícil de controlar».*

Uno podría comenzar a preguntarse por qué la población diana de este problema es la de los jóvenes, y la razón del porqué se extiende y cómo se extiende. Cualquier persona que esté introducida en una espiral anoréxica debería intentar reflexionar en sus raíces, encontrar las razones a esas cuestiones; también eso le llevará a dar discernimiento para intentar cambiar sus hábitos más básicos y elementales. O al

> La anorexia no es un trastorno de nueva aparición, aunque es novedosa la frecuencia con que se da este fenómeno.

menos puede valer para la ayuda que den los familiares y amigos más próximos al anoréxico.

La anorexia es un problema con tres dimensiones: corporal, psicológica y social.

«Un equipo del hospital infantil del Niño Jesús, de Madrid, halló entre 1985 y 1986 un porcentaje de anorexia nerviosa del 0,3 por 100 de la población escolar adolescente (y femenina) de la capital española. Un estudio similar realizado por el mismo equipo en 1995 reveló que ese porcentaje se había triplicado, y que la población de riesgo entre los estudiantes había pasado del 11 a cerca del 20 por 100. Para subrayar el espectacular aumento de la incidencia de este grave trastorno alimentario baste con recordar que en el hospital de la Cruz Roja, de Madrid, se recibía un solo caso anual de anorexia antes de 1980, cifra que se había multiplicado por cien en 1987. Según datos facilitados por ADANER (Asociación Nacional de Anorexia Nerviosa y Trastornos Alimentarios), existen, hoy, varias decenas de miles de casos de anorexia en España, once mil de los cuáles se concentran en la capital», nos informa Nieves en el artículo anteriormente citado.

No podemos entender el problema de la anorexia si no lo observamos desde el ángulo corporal, psicológico y social.

Realmente, según estos datos, la anorexia se extiende de una manera implacable, y no podemos por menos que comenzar a preguntarnos cuál es la naturaleza del trastorno para que pueda extenderse tal como lo hace.

Desde luego, está muy claro que este tema no puede ser puesto a nivel de una enfermedad como el sida, por ejemplo, que es fundamentalmente orgánica, y en cuya prevención se pueden dictar normas prácticas de carácter físico.

No debemos confundir los mecanismos de propagación de una enfermedad fundamentalmente biológica con la manera en que se propagan trastornos psicosociales como la anorexia.

La anorexia tiene una naturaleza física, pero su base más importante es mental, o psicológica, y social. Debemos esperar que muchas de las causas de su propagación, de sus vías de «contagio», sean de una naturaleza diferente a las enfermedades de tipo biológico. Por tanto, fundamentalmente, cuando estamos al inicio del proceso anoréxico el tratamiento debe tener una fuerte connotación de carácter social y psicológico.

La propagación de una epidemia como el trastorno de la anorexia se hace a través de mecanismos sociales (o psicosociales), y ello constituye las vías fundamentales de difusión de la anorexia, así como las características de la personalidad del anoréxico propician que se establezca en la mente esta dolencia, y podríamos considerar en sus diversas cualidades los agentes fundamentales que permiten que ésta se instale en un individuo concreto, y las características psicológicas y la disposición social del adolescente (principalmente las de carácter femenino) son lo que hace más propicio que las mujeres adolescentes constituyan la población de contagio más propensa a sufrir este trastorno.

«... *Porque, a pesar de que se encuentra en el grupo de las enfermedades psíquicas, la anorexia se puede contagiar. No resultan absolutamente raros para los especialistas brotes anoréxicos en un determinado colegio, o incluso en ámbitos más reducidos, como entre compañeras de la misma clase...; no hace mucho, le llegó a un equipo de baloncesto femenino cuyas jugadoras estaban todas enfermas*», escribe Nieves en su artículo.

Vías de difusión y agentes de transmisión

Las características psicológicas pueden ser transmitidas de unos individuos a otros, a través del ambiente social y mucho más en la adolescencia. Los adolescentes fuman y beben porque otros igual que ellos lo hacen (o lo hicieron); el carácter de la presión de grupo es algo que está ahí y que es un factor esencial; por ejemplo, el inicio de la drogadicción.

Los adolescentes, quizá porque aún están en período de formación de la personalidad, son más vulnerables a transmitirse valores, actitudes y conductas, que a veces son inadecuados. Nuestro estilo de vida y los valores propagados por los medios de comunicación son agentes de transmisión muy importantes en la anorexia.

Ésta no es una enfermedad del individuo, en todo caso es una enfermedad de la sociedad; es un síntoma de que los valores y la moral que transmitimos a los adoles-

> Las vías de difusión, como la de la anorexia, hay que localizarlas en factores sociales como el de la comunicación y sus valores.

centes son, en alguna medida, poco adecuados; indican que nos estamos apoyando en elementos que peturban la salud de esa población aún inmadura que constituyen los adolescentes; principalmente está presionada por la inmoralidad de esa estética social la mujer adolescente.

Los valores imperantes de la sociedad son expuestos y transmitidos por los medios de comunicación, que presionan y condicionan parte de la personalidad de los adolescentes.

Los medios de comunicación sólo reflejan lo que en la sociedad late; luego, la influencia negativa que tiene en los adolescentes remite a una cultura poco sana.

Es fácil adivinar cómo de tan sutil manera se vende un estereotipo, una imagen de hombre o de mujer ideal a través de los medios.

(«*Una chica gordita de 17 años me dijo en forma de lamento: "Es que como no des las medidas no tienes éxito con los chicos".*»)

Debemos pensar que para los jóvenes la estética del cuerpo adquiere, por su propia naturaleza de relación con los demás, un factor esencial de su vida. La anorexia no es indiferente en su origen a esta temática que posibilita la difusión del trastorno alimentario, como aseveran las estadísticas (el 90 por 100 de los adolescentes anoréxicos son mujeres).

La estética de una sociedad que admira la delgadez

La sociedad da un valor a la estética de la delgadez que el adolescente asimila en forma de pensamientos y de conductas. Ser delgado es una expresión social de éxito, y nadie está más interesado por ello que los jóvenes que, llevados al terreno de ciertos contextos y características de la personalidad, hacen posible la aparición del fenómeno de la anorexia.

«Las revistas femeninas —escribe Elena F. L. Ochoa en el libro *De la anorexia a la bulimia*— *publican secciones especiales sobre regímenes revolucionarios y sobre cómo llevar a cabo una nutrición saludable. Televisión, radio, anuncios de coches, cigarrillos o bancos utilizan la imagen de féminas adelgazadas y ágiles para vender sus productos: consiga la delgadez máxima y llegará al pináculo de lo más deseable, de lo más deseado. Éste parece ser el mensaje y las adolescentes son su blanco principal.»*

La sociedad, a través de los medios de comunicación, tiende trampas propagando modelos sociales que atrapan a los niños y adolescentes; ellos y ellas, que están en pleno proceso de maduración, son víctimas de toda una densa red de valores estúpidos, difundidos principalmente por medios de comunicación como la televisión y el cine que adoran cierta estética del éxito, que, por otro lado, no es un canon de belleza tradicional.

> La mujer está sujeta históricamente a la tensión de la estética de la imagen, lo cual la hace especialmente vulnerable a todas aquellas cosas que se asocian con su logro; no es culpa de la mujer, sino de la sociedad.

Las mujeres muy delgadas, incluso hace unas décadas, no eran muy aceptadas socialmente por el gusto generalizado de la época, y eran injustamente rechazadas por su delgadez e incluso se les daban nombres peyorativos como el de *«tísica»*. Podríamos estar hablando de 1940, donde lo que hoy se considera rellenito (obeso) era entonces el cuerpo socialmente aceptado, y no digamos en tiempos de Rubens: las diosas eran gorditas como manzanas *(Las tres gracias)*.

> La anorexia es un complejo fenómeno que toca las entrañas de nuestro estilo de vida, principalmente de nuestros valores.

Pero no importa a quién se rechace, mujeres gordas *(«como focas»)* o a delgadas *(«como tísicas»)*. Son los miembros de la sociedad los que admiten la marginación, principalmente de la mujer, a través de las modas de cada época, y son primordialmente las adolescentes las víctimas propiciatorias de ese condicionamiento social. Se establece para la sociedad un ideal de cuerpo femenino, y se embadurna todo de un fenomenal montaje por un tipo de belleza y de juventud, que llega a representar el poder, el éxito, el triunfo, el lujo, la ostentación, ser admirada, deseada y envidiada. Y si todo eso lo representa la estética de la delgadez, pues es lógico que muchas jóvenes anden arrebatadas por conseguir un cuerpo *«danone»* o *«light»*, *«esquelético»*, casi invisible. Y si no hay otra forma de ser reconocida, en la propia valía de ser mujer, se esqueletiza el cuerpo, se hace, incluso, hasta la muerte (hasta un 18 por 100 de anoréxicos pueden tocar el umbral del auto-exterminio). Aunque tampoco esto, probablemente, sea la causa única de la anorexia; en el fondo, es un tema de carencia de *«amor por sí mismo»*, un problema de la autoestima.

Puede ser que nadie enseñara a la persona anoréxica que existe un mundo de belleza interior de incalculable valor. Entre la anorexia y la bulimia (comer de forma incontrolada) existe una relación de contrario en cuanto a la conducta alimentaria (de carencia y de sobreabundancia), que en el fondo las producen unas mismas causas; quizá motivadas por una profunda distorsión de la vida en relación a sí misma —o a sí mismo—: la ansiedad y la angustia

La mujer, víctima propiciatoria de la anorexia

No podemos extrañarnos de que sea la población femenina adolescente la víctima propiciatoria del trastorno de la anorexia —el 95 por 100 de anoréxicos son mujeres—. Acercarse al ideal del yo femenino sólo se puede conseguir por la vía de controlar la alimentación, con el peligro de trastornar esta función básica para la vida. Es ésta una lucha de la mujer por ganar su propia autoestima a través de la identidad que le venden, y si fracasa o no le respalda un éxito real muchas mujeres quedarán sumergidas en sus complejos para siempre jamás; quedarán relegadas al dolor de la depresión y los problemas personales. Y si el éxito las alcanza para colmar las propias aspiraciones puede llegar el vacío del éxito, pues detrás puede no haber nada más que apariencia y superficialidad; sólo baja densidad humana del objeto subvenido y deseado.

> Aunque aumentan los casos de anorexia masculina, este trastorno tiene un carácter fundamentalmente femenino y adolescente.

Creo que nuestra sociedad, con sus tupidas redes de transmisión (comunicación), maneja la identidad de la mujer haciéndola no persona y objeto puro del deseo, cuando no las desprecia y las infravalora en sus capacidades y posibilidades.

Hay un modelo de ser mujer que se transmite socialmente como deseable, pero que en absoluto reconoce su dignidad, pues antes que cualquier cosa la mujer es humana (persona). No es que los medios de comunicación produzcan nada por sí mismos, sino que reflejan lo que la sociedad es; también ésta, de algún modo, se rebela —la sociedad— con su propio concepto de mujer —por ejemplo, en los movimientos feministas—. Como dicen Nicolás Caparrós e Isabel San Felíu en el libro *La anorexia, una locura del cuerpo*, al querer encontrar una única dimensión que explique este fenómeno cometemos un error:

El incremento de casos de anorexia hay que explicarlo a través del estilo de vida social que llevamos.

«Pero conviene, es preciso reiterarlo, no confundirse en la búsqueda de un solo factor para explicar el tema que nos ocupa. En realidad subyacen estructuras responsables cuyos elementos proceden de lugares dispares y que funcionan de forma sinérgica, dan lugar a los resultados conocidos.»

Los lugares dispares quizá estén en que la anorexia refleja la alienación —locura— de una sociedad en que la mente puede llegar a desequilibrarse en sus valores hacia sí mismo y hacia los demás, y en la que el cuerpo sufre las consecuencias feroces —en casos extremos— de una especie de «suicidio a cámara lenta».

La anorexia, el trastorno de la credulidad

Si de un período a otro, en breve espacio de tiempo, el índice de anoréxicos aumenta, es que ese modelo de la estética de la delgadez se ha radicalizado; se ha trasmitido por los canales de la comunicación, su valor degradante, con mayor nitidez (televisión, prensa, cine...), logrando penetrar en los lugares sagrados de la educación y la familia. El valor más sublime es la delgadez y la fuente de todo éxito en el devenir femenino. Una monstruosa mentira que cruza el cerebro de millones de jovencitas haciéndolas temblar en una patología mental que enferma al cuerpo: una enfermedad psicosomática de raíz social.

Y no son sólo los medios de comunicación, como la televisión, los que llevan un mensaje implícito favorable a la estética de la delgadez, sino que somos los adultos mismos quienes estamos admirados de las cualidades de la juventud en su admirable belleza y frescor, de tal modo que la misma sociedad rechaza la fealdad, la obesidad, la ancianidad, como cosas terribles y lamentables, y se encuentra hipnotizada, regresada y problematizada hacia lo que expresa juventud (el mito de querer ser eternamente jóvenes).

> Nuestra sociedad es la que al valorar las cualidades superficiales de las personas hace tambalear todo el sistema de los valores.

Así que los adultos adoran al mismo becerro, lo cual promueve en los adolescentes el aprendizaje del modelo de «la estética de la delgadez», y lo confunden con un valor superior cuando sólo es una estatua de barro.

Así que el mal es cultural, es un fantasma que acecha en los hogares y en la escuela. Las anoréxicas sólo expresan con su trastorno la locura general de una sociedad sin rumbo y alienada.

El incremento de personas anoréxicas comenzaría a bajar si en la sociedad surgiera una nueva mirada, una nueva forma de entender la vida cotidiana, la vida común, y se aceptase como un proceso bello en sí mismo, no importa bajo qué estética.

Pero eso por ahora es imposible, y mientras se endurezca nuestro estrabismo mental el problema se agrabará más y más, pues todos estamos sujetos a una patología de carácter social, a la influencia del medio donde vivimos; además sabemos, con claridad, que nuestra cultura anda también anoréxica en valores morales, y que por todas parte florecen los *«cerebros planos»,* los hombres y las mujeres *light*, el culto al éxito y al individualismo; el frenesí del tener y del consumir y el seguimiento del mito más moderno —según Erich From— y más falso del *«Si quiero puedo»;* la competencia feroz y el egoísmo más cruel.

¿Podemos extrañarnos de que sean víctimas las jóvenes anoréxicas en pleno desarrollo de su personalidad, de toda esa locura social? La sinergia, la concordancia de las circunstancias que las rodean, se acrisolan para rendirlas miserablemente en la negación a la vida; desde

> La anorexia puede surgir con furor como sintomatología de una sociedad cuyos cerebros son planos, donde todo es *light* y se cultiva el individualismo. La anoréxica es víctima de sí misma y de los demás.

luego, ninguno somos inocente cuando una jovencita toma la decisión —consciente o inconscientemente— de aniquilarse lentamente. Detrás hay muchas cosas en común con otras patologías: la familia, la sociedad, el individuo.

El culo gordo que no gusta

«"¿Sabe usted cuál es, según las encuestas realizadas por un grupo de especialistas en Gran Bretaña, la parte más importante del cuerpo para las niñas entre los cinco y los nueve años?", pregunta, no sin cierta ironía, Gonzalo Morandé. "El culo" —afirma, sabiendo perfectamente el efecto que van a provocar sus palabras—. Le importa el trasero cuando hasta hace apenas unos años, para esa edad, la parte más importante del cuerpo era la cara...», escribe J. M. Nieves en su artículo.

> Para la sociedad es más importante que la mujer no tenga un culo gordo que una cara guapa.

Y de qué podemos extrañarnos si son los adultos los que valoran, con la estética de la delgadez, el culo en vez de la cara. Los niños repiten los valores que observan en los demás; todo el mundo anda enloquecido por sus culos, por la tripa, por el michelín. ¿De qué nos extrañamos? Así, cuando llegan a la adolescencia, nuestros jóvenes se manifiestan por las cosas que les hemos enseñado. Y si tan importante se ha tornado el culo, y éste hay que eliminarlo hasta hacerlo socialmente admitido, nos pondremos a dieta, haremos deporte, y, ¡claro!, cómo no van a existir anoréxicos a los seis y siete años.

(«No como y no tendré culo, ni barriga, ni la odiada grasa, y lograré el "ideal" de mi cuerpo, y seré simplemente anoréxica.»)

La verdad es que los niños y los adolescentes son muy crédulos, muy inmediatos, no tienen otra arma que la de su candidez; por eso las adolescentes son la población diana de la enfermedad de la anorexia. Es un trastorno de la credulidad. Y, claro, ya saben ustedes, en los recreos de los colegios, en los comentarios y las peleas, en las luchas de los chavales, principalmente las verbales, prevalece el valor del mundo que le rodea.

Existen revistas juveniles donde se explota al máximo el culto al cuerpo (¿obsesión?)

«¡Gordito! ¡Gordito! ¡Gordito!» —cantaba un grupo de escolares a un compañero entrado en carnes. Este muchacho sufría una fuerte pérdida de autoestima, y lo pusieron a dieta. Soportaba como podía las mofas de sus compañeros. Lo que sucedía es que aquellos mismos que cantaban la maldita canción temían ser gorditos o gorditas; la experiencia les decía lo que significa para los demás.

¿Por qué nos extrañamos que la niñas no quieran tener el culo gordo? Las madres y los padres tampoco lo querrán, seguramente. Pues esto es un valor que en una mente como la de los niños, no formada, promueve la aventura peligrosa de la anorexia (como un factor más dentro del conglomerado de causas que inducen a provocarla).

La chifladura de la sociedad

Nuestra sociedad de la insatisfacción y del estrés, del culto al individualismo, hace posible que el adulto esté tan «chalado» como está, y lógicamente su chifladura se proyecta en sus cachorros; la anorexia es la expresión más clara del mal rumbo que llevamos, y cuantos más casos existan en el mundo, ello será también la expresión de una locura más generalizada, más radicalizada.

> Los valores de los padres se transmiten a los hijos, y si estar delgado es algo importante frente a lo obeso, eso lo aprenderán.

Nos llama la atención la anorexia, y no la podemos entender totalmente porque no nos entendemos a nosotros mismos. Claro que para ser anoréxico hay que tener voluntad y decisión para lograr tal fin; más fácil es la bulimia, que es también un trastorno de la alimentación, pero al contrario: comer sin límites, dejarse llevar por el placer tras encontrarse desalentado y desorientado.

La bulimia y la anorexia son problemas de desorientación de la personalidad causados por la angustia y quizá la desesperación de no saber ubicarse en un mundo «raro». *(Todo se soluciona si no como o ¿qué importancia tiene si como hasta morir?)* En realidad son dos problemas de la existencia.

Existen revistas para adolescentes femeninas sólo dedicadas al cuidado del cuerpo, donde se exalta ese narcisismo femenino que exige la sociedad; las dietas son habituales (sobre la alimentación). ¿Cómo pues podemos extrañarnos que se incremente la anorexia en una cultura de la anorexia?

Hoy todos somos (los que tienen un cierto poder adquisitivo) un mercado potencial. No existen barreras para consumir determinados productos; la única limitación la impone el que se pueda pagar o no. Esa posibilidad económica es por la que luchan las empresas. Es decir, se parten la cabeza pensando cómo atraer esos caudales hacia sus bolsillos.

> La estética de la imagen es un producto de la sociedad de consumo donde las empresas se vuelven locas por vender y ganar.
> Los adolescentes son un mercado potencial de incalculable valor como consumidores de todo tipo de productos para las empresas.

Entramos en el mundo del consumo; un universo donde casi todo vale. Las empresas de la moda son parte de ese juego mundial y, como todas ellas, se dirigen hacia una población sensible y potencial consumidora de sus productos.

En esta población de interés están principalmente las mujeres, y no todas, sino que resultan especialmente atractivas las jóvenes. Son de ellas de las que sacan una gran rentabilidad económica (ése es el último y más sublime fin).

¿Cómo conseguir el objetivo de atraer la atención para lograr el fin principal? Aquí es donde entran en juego las técnicas de seducción del potencial cliente. Una de las mejores maneras de llegar a él es conocer su perfil de necesidades; o bien la facilidad que tienen para asimilar nuevas necesidades que sus productos puedan satisfacer.

«*Hoy el mercado ha cambiado* —escribe en un artículo Holly Brubach—. *Lo componen personas que, aunque no pueden permitirse un apartamento en Park Avenue, poseen el dinero suficiente para comprar un bolso de Vuitton o un perfume de Dior. Estos nuevos clientes son, en general, más jóvenes, pero mucho más numerosos. Y la lucha para atraer su atención por parte de las marcas es muy intensa. Puede que ellos no hayan oído hablar de Bernard Arnault, pero él los entiende.»*

Esta persona es inmensamente rica gracias a que satisface muchas de esas necesidades que la gente tiene; las entiende satisfaciendo sus flaquezas. Eso es lo que hacen las empresas de la moda: luchar por atrapar la atención, creando y satisfaciendo necesidades, que en resumen es dinero, el fin más importante que las sustenta.

Esa lucha es encarnizada y feroz en los aspectos humanos. Nunca se plantearían que determinado tipo de mujeres casi anoréxicas asociadas a sus productos son también incorporadas al mundo de la juventud produciendo estragos en algunas de ellas. Eso sería sólo un efecto secundario de poca importancia.

> Las empresas que dirigen a los jóvenes para que consuman sus productos suelen conocer su psicología y sus necesidades; son fábricas que crean necesidades y luego se dedican a satisfacerlas. En eso consiste el negocio.

Quieren dejar hipnotizados a sus potenciales clientes y en sus sueños vendidos a través de la publicidad recrean un universo irreal y mentiroso que es deseado como un espejismo. Cuando la persona no está madura para analizar y criticar, para separar entre realidad y ficción —que es lo que sucede con el desarrollo de la personalidad de la mayoría de los adolescentes—, entonces es cuando quedan atrapadas, hipnotizadas, y es fácil sacarles del bolsillo de su economía el caudal suficiente como para comprar el producto.

Es la hostilidad del libre mercado en su guerra por conseguir un fin; en medio de la batalla queda un reguero de víctimas, pero eso no importa. H. Brubach escribe sobre el empresario Bernard Arnault:

> «*Se le ha criticado con dureza por introducir tácticas empresariales despiadadas (muy a la americana) en el refinado mundo de los negocios franceses. Algunos críticos le llaman* Terminator *por ese estilo despiadado para hacerse con las empresas... Galliano y McQueen, es el otro inglés provocador al que instaló en Givenchy. A ambos se les da muy bien aparecer en titulares..., y con frecuencia se le acusa de fomentar una era en la moda en la que los modistas como Galliano y McQueen han ascendido a la fama; los espectáculos suntuosos han sustituido a las pasarelas corrientes, la ropa ridícula queda justificada como gancho para las ventas de perfumes; el éxito se mide de acuerdo con el tratamiento en la prensa...*».

> Son los medios de comunicación los que reflejan los valores de una sociedad «light»; estos medios ni son buenos ni malos en sí.

Un mundo de manipulación e instinto económico es lo que puede entrar a través de la ventana de la televisión, de la radio y de la prensa escrita. La pena es que resulta cuantiosa la población humana que queda prendada de un bellísimo basurero de valores inhumanos. ¡Claro!, luego pasa lo que pasa, que deseamos la ficción como si fuera una realidad que nos han vendido, y en esa trama de superficialidad está escondido el dolor y la miseria. Como sucede cuando una joven por cumplir el canon de la moda manipula su alimentación hasta llegar a la anorexia.

Es posible que no reconozcamos ya la importancia de un mundo con valores porque no nos los han refregado por la jeta tanto como los productos comerciales. Pero cualquier marca que salga insistentemente a través de los medios de comunicación es absorbida con tanta familiaridad como el nombre de nuestro propio hijo, y ese efecto es para el mundo de los negocios como para el granjero ansiar la gallina de los huevos de oro.

> Las empresas tienden a crear necesidades artificiales en las personas para que luego las satisfagan con sus productos.

Ése es el mundo de los valores basura que se ciernen por doquier, no tiene fronteras ni límites, llega a todos lados, seduce a todo el mundo, nos unidimensiona; lo peor de todo es que nos aliena, nos enloquece. Dejamos de ser nosotros mismos los constructores de nuestros modelos sociales que ahora ocupan las imágenes y los sonidos producidos en fábricas de mentiras; así abandonamos la referencia de nuestra propia experiencia y nos guiamos por los patrones basura que vierten en nuestros cerebros.

Si los adultos estamos condicionados por esa realidad mediática, no digamos en qué posición quedan los niños y los adolescentes; para ellos todo aquello que está en el mundo de los medios informativos es real, creíble y bueno.

No puede extrañarnos que exista la anorexia hoy más que nunca, y que sean las mujeres adolescentes sus principales víctimas (revistas de moda, concursos de belleza...).

¿Y quién puede contra tanta organización empresarial?: producción, red de distribución, actividad comercial, dinero para la publicidad...

Para Arnault, según comenta H. Brubach: «*El mundo actual es un mundo dirigido por los medios de comunicación*», lo expresa alguien que saca mucho dinero a través de ellos, y sigue diciendo: «*Estamos aquí para vender sueños. Cuando alguien ve un desfile de alta costura en las televisiones de todo el mundo, sueña. Cuando entra en una tienda de Dior y se compra una barra de labios, compra algo que está a su alcance, pero incluye ese sueño*», y ésa es la trampa. Incluso los mismos consumidores son presa de la voracidad comercial, pues el ser humano se transforma en un cartel de propaganda:

La credulidad de la adolescencia, por falta de madurez en la personalidad, es víctima propiciatoria de la manipulación propagandística de la publicidad.

«*Cuando todos los productos se conciban como publicidad para su fabricante* —escribe Brubach—, *con símbolos externos ostensibles integrados en el diseño, los consumidores que se nieguen a servir de anuncios humanos tendrán que compensar a la empresa por la subsiguiente pérdida de espacio publicitario... Estamos presenciando la democratización del lujo.*»

Y ésta es la humillación real de valores a la que está expuesto al ser humano, que, a lo mejor, termina siendo una baliza publicitaria en beneficio del consumo más feroz.

¿Víctimas?: ¡muchas! Gran parte de la humanidad de los países prepotentes y ricos. Las anoréxicas son en numerosos casos afectadas psicológicamente por el ritmo y las exigencias de la moda. ¡Qué lejos estamos del estoicismo de los grandes personajes de la historia!

Pero incluso los políticos puede reaccionar, a veces. Uno lee titulares como éste: *«Contra las modelos»*, y en el desarrollo del artículo, lo siguiente:

«El Partido Socialista de Cataluña (PSC) ha presentado al Parlamento de Cataluña una proposición no de ley en la que insta al Gobierno catalán a que actúe contra la anorexia y contra las campañas publicitarias que "fomentan modelos de personas muy delgadas" —se escribe en un artículo de *El Mundo*—

Es evidente que hay una industria que se dirige a manipular principalmente a los más débiles desde el punto de vista de maduración de la personalidad.

... La parlamentaria agregó que "se sabe, por diversos estudios que se han realizado en el extranjero, que la talla media de las presentadoras de televisión y de los hombres y mujeres que aparecen en los anuncios publicitarios es muy inferior a la talla normal" y denunció que "hay comercios donde se exige a las vendedoras que no pasen de una determinada talla y, si lo hacen no se les renueva el contrato". La diputada socialista recalcó que detrás de los patrones estéticos actuales

hay una "potentísima industria de productos y servicios light"...».

Para la revista Jano, especializada en medicina: *«El despropocionado temor a la obesidad tiene mucho que ver con la moda y los modelos a imitar que irradian los medios de comunicación, la publicidad o el cine.»*

Y es que el mundo está loco, y a veces no nos damos cuenta de ello. Para Arnault quizá sean sólo pequeñas reacciones sin importancia que no frenan en absoluto su fábrica de mentiras y de sueños variables e intangibles, mientras muchas jovencitas adelgazarán quizá hasta la muerte para poder emular a los protagonistas de esos sueños. Quizá la resistencia sea mayor de lo que pensamos: ¡ojalá!

La patología de la voluntad

Todo lo anteriormente expuesto es un caldo de cultivo que predispone a la adolescente a ser radical y tajante con su dieta alimentaria; promueve y está dispuesta a estallar en una postura espartana nada más plantearse problemas de tipo psicológico referentes a sí misma y los demás.

> Es necesario educar en la familia y en la escuela, a los niños y a los adolescentes, a desempeñar el código de las imágenes audiovisuales, igual que aprender a leer.

En el fondo, no comer da tanto placer como comer en exceso. Esa misma satisfacción que produce no comer fortalece e incrementa la actitud anoréxica que puede llegar a ser una patología de la voluntad.

Desde niños les enseñamos a disfrutar de la miel del triunfo, y ese hipotético triunfo, en nuestra sociedad, es posible obtenerlo cuando somos competentes, números unos. Los padres están enloquecidos, no con la idea de educar a sus hijos verdaderamente, sino de hacerlos competentes, diestros, capaces de sobrevivir en un mundo donde prima la rivalidad. Así que su educación pasa por una alta tasa de influencia, donde el niño aprende a templar la voluntad, a disfrutar del triunfo a través de un esfuerzo controlado.

> No comer es también una actitud que pueden fomentar los padres desde la infancia. En la adolescencia la imagen de sí mismo es parte de la identidad personal, y tiene una importancia relevante.

¿Y qué es controlar la alimentación, anoréxicamente, sino un posible triunfo sobre el control de las funciones del propio cuerpo? La adolescente está muy atenta a lo corporal porque su cuerpo cambia, porque su cuerpo es objeto de sensaciones; es objeto del interés de los demás y de sí misma, a lo que puede negarse y poner en juego frente a ello lo que aprendió en su niñez: quizá a dominar todo a través de la voluntad.

Por eso se dice que las anoréxicas suelen ser chicas triunfadoras en los estudios, modositas e inteligentes, voluntariosas y ordenadas, aunque los que están a su alrededor nunca pudieron imaginar que llegaría a la anorexia.

Esta enfermedad, así entendida, se establece en un reto de la voluntad frente a sí misma y probablemente en el ideal de un logro (la estética del cuerpo), además del disfrute que supone no comer. Esto puede ser el factor desencadenante en algunos casos de anorexia, en otros tendrán distintas motivaciones.

CAPÍTULO II

LA ANOREXIA. UNA LLAMADA DE ATENCIÓN

En realidad, la persona anoréxica es alguien con carencias afectivas, con necesidades emotivas, que centra toda su «*tragedia*» psicológica en el tema de la alimentación como una salida a su problemática. Pensamientos negativos, timidez, miedos, baja autoestima, pueden ser los acompañantes de estas personas.

Anoréxicos desde la niñez

Los trastornos de la alimentación comienzan y son muy característicos durante la infancia; estamos hablando de niños que están entre los cero y los cinco años; tanto, que es objeto de estudio muy frecuente por especialistas. Es fácil que el pediatra, una vez diagnosticado que el niño no tiene nada a nivel corporal que le impida comer bien, recomiende entonces a los padres la visita al psicólogo. ¿Y qué puede hacer un psicólogo cuando un niño pequeño no come al no encontrársele ninguna causa física?

Los trastornos alimentarios, como muchas otras facetas fisiológicas que afectan a los niños pequeños, tienen su causa, su origen y desarrollo en aspectos circunstanciales a su ambiente familiar, que hay que analizar para saber con exactitud el origen de la inapetencia.

Con niños en edad infantil el trastorno de la alimentación es algo de consulta tan frecuente que este tema es de lo más habitual entre los psicólogos infantiles. Es más, podemos encontrar las bases de una explicación sobre los mecanismos psicológicos que también están operando en los anoréxicos adolescentes.

En niños muy pequeños todo esto es mucho más directo y sencillo de ver, ya que la causa y el efecto es inmediato, así como las soluciones.

Alteraba con la comida los nervios de su madre

Se niega a comer de modo tan rotundo que nadie podría meterle una cucharada de sopa, aunque se la encajaran entre los dientes, apretando con ahínco. Sin embargo, aún no ha cumplido los dos años: ¡Quién lo diría! Su cabezonería pone histérica a la madre.

Los problemas alimentarios en la infancia, la niñez y la adolescencia son muchas veces producto de mecanismos psicológicos más que fisiológicos o corporales.

Mientras ella espera en el vestíbulo de la guardería, aparece la directora, y detrás el psicólogo, a quien le dice:

—*Contigo quería yo hablar* —al tiempo que se le estriñe la cara en un rictus de crispación, quizá de impaciencia.

—*¡Ningún momento mejor que éste!* —exclamó el psicólogo con una media sonrisa y señalando con la mano la entrada hacia el despacho. Una vez acomodados, ella logró decir:

—*Vengo a pedirte consejo sobre mi hijo. No puedo con él; se niega en rotundo a comer; es un sacrificio diario para darle cualquier cosas. ¿Qué puedo hacer?*

El psicólogo, que conocía al niño, sabía de antemano que en la guardería tampoco comía demasiado.

—*Tu hijo está llamando la atención, principalmente la atención de su madre.*

Y ella, guardando silencio durante un instante, respondió a la sugerencia:

—*¡Es imposible! A mi hijo le pasa algo físico. Es inapetente. Su sistema nervioso... ¡No sé, algo le pasa!... No puedo creer esa explicación: tiene mi cariño, el de mi marido, estamos pendientes...*

> Los niños pequeños no usan el lenguaje de la palabra, pero sí saben manejar de su entorno aquellas cosas que poseen significado para el adulto.

El psicólogo, observándola atentamente, pudo comprobar que ella era una mujer muy nerviosa; cuando cogía a su hijo se la veía crispada, muy artificial.

—*¿Qué haces cuando das de comer a tu hijo?* —le preguntó el psicólogo.

—*¡Qué voy hacer! Intento que coma por todos los medios, pero lo escupe; estira el cuerpo hasta que casi no puedo sujetarlo, y me saca fuera de mis casillas: le grito, lo zarandeo y finalmente se lo dejo a mi marido.* —contestó ella con ademanes muy marcados en el aire.

—*Puede que necesite mayor atención y relajación por tu parte: alguna muestra de cariño, no darle importancia al asunto. Por lo que sé, tu trabajo te ocupa mucho tiempo y puede que él te eche de menos* —explicó el psicólogo con la única pretensión de hacerla entender que sería conveniente cambiar un poco el contexto psicológico del momento de la comida.

—*No creo que este asunto se pueda solucionar con técnicas psicológicas. Soy bióloga y pienso que estas cosas son puramente físicas. Cuando le doy medicamentos al niño se le abre el apetito y come más, pero sólo durante un tiempo; luego, vuelve otra vez a lo mismo...* —insistió la madre con gesto de incredulidad.

—*Podemos probar, si quieres, haciendo algo puramente afectivo, y si da resultado quiero que entiendas que lo psicológico puede afectar a cualquier función como lo puramente alimentario.*

—*¡Bueno!* —dijo ella.

—*Aquí en la guardería, antes de comer, su educadora jugará con él de una manera especialmente cariñosa y luego le dará de comer con cierto mimo y con mucha relajación. Tú haz lo mismo en la cena diaria y en las comidas de los fines de semana.*

> A veces es en la comida donde proyectamos a los niños pequeños nuestras tensiones diarias y eso ellos lo viven. Los niños son muy sensibles y a todas las señales del entorno familiar responden con actitudes como la negativa a comer.

Y así se puso en marcha aquel sencillo tratamiento, dando un resultado asombroso. El niño no fue nunca un «*devorador*» de alimentos, pero llegó a comer con cierta normalidad en presencia de la madre. ¿Qué había sucedido? El niño llamaba la atención de su entorno usando la comida como vehículo de expresión psicológica.

Está muy claro que los niños pueden emplear cualquier medio para expresar sus necesidades internas. Este desplazamiento puede ser llevado a cabo en el tema de la comida.

De hecho, un porcentaje elevadísimo de anorexias infantiles no encuentra otras causas primarias que éstas. Si persiste una situación psicológica que afecte a la alimentación durante mucho tiempo, puede generar unos hábitos alimentarios inadecuados, pudiéndose agravar la anorexia, e incluso formar una manera de comportarse inadecuada para conseguir las cosas; o sea, afectaría también a la personalidad y la conducta.

Si las causas psicológicas que producen la anorexia se cogen en un momento apropiado, cambiando el signo de la problemática, se cura el trastorno alimentario. Esto tiene una clara repercusión en multitud de situaciones anoréxicas infantiles, y es que el niño cuanto más pequeño es más directos e inmediatos resultan sus mecanismos. De cualquier modo, esa idea constituye también una esperanza para los adolescentes que se inician en un proceso de tipo anoréxico.

> Los niños pequeños que no comen bien pueden ir adquiriendo hábitos alimentarios inadecuados que luego en la adolescencia son un factor que ayuda al trastorno anoréxico.

La anorexia precoz

Las reacciones a la alimentación están presentes de modo muy remoto en el recién nacido, en el sentido de que se producen en semanas una conducta pasiva. Ya cuando el niño tiene meses (cinco a ocho), el número que reacciona de modo apático a la alimentación se incrementa; el motivo se localiza por el cambio de alimentación.

Según Ajuariaguerra, en estos últimos niños hay una conducta diferenciadora como reacción a la alimentación: el niño no coopera (anorexia inerte) o se opone abiertamente con reacciones de chillidos, agitación, vómitos (anorexia de oposición). Para el autor que comentamos, la anorexia de oposición marca la clave hacia el mundo de la relación entre la madre y el niño.

El niño al reaccionar ante la comida:

1. Rechaza o acepta la relación con la madre.
2. Es una manifestación de la personalidad que se opone al adulto (pasividad-rebeldía).
3. Es una reacción al comportamiento de la madre (nerviosismo, rigidez, complacencia. ansiedad).
4. Se torna un problema importantísimo para madre.
5. Los padres pueden reaccionar dejándose embaucar por la tiranía del niño.
6. Los padres pueden reaccionar con hostilidad y tiranizan al niño para vencerle.
7. La anorexia muy agudizada refleja un conflicto de relación del niño con su madre.
8. Es fácil que estos niños se retrasen en el control de esfínteres y alteren el sueño.
9. Hay madres que hacen a sus hijos anoréxicos, porque son posesivas, exigentes, o se precipitan y los atragantan.
10. Se generan hábitos permanentes de ritualización de comportamientos frente a la comida como reacción a:

—Oposición a las normas del adulto.
—Capricho en relación a la comida.

Este cuadro de reacciones en su mismidad no es trasladable a la anorexia que padecen los adolescentes; sin embargo, parece que reproducen elementos importantes que podemos también ver en ellos.

El anoréxico establece con la familia, y con respecto a la comida, una oposición conflictiva que agrava la relación entre los padres y la persona anoréxica.

Todos sabemos que una de las características destacables de la adolescencia es la rebeldía hacia la familia; la anorexia adolescente también es muchas veces una oposición al adulto y, si en un niño pequeño también se da, la ritualización de comportamientos con respecto a la comida. La anorexia adolescente es un rosario de oposiciones (retrasos a la hora de comer, un comer lento y desganado, caprichos, ocultación del alimento, vómitos, quejas y agresividad hacia los padres).

> El no comer de la anorexia puede ser un síntoma de rebeldía adolescente.

Hambre y apetito

Mientras que el hambre es una cualidad provocada puramente por la mecánica de la biología, el apetito es más una función condicionada a la psicología; claro, sin perder ésta su dimensionalidad corporal.

Es el apetito lo que los niños pequeños saben manejar como nadie para resolver multitud de situaciones de orden psicológico.

El deseo de ser alimentado (ésa es la definición de apetito) es una necesidad psicológica que el niño aprende a manejar como expresión de sus problemas.

No nos queda la menor duda de que muchos conflictos psicológicos y sociales de los adolescentes van contra el apetito (el deseo de alimentarse) como una forma de manejarlos y superarlos.

La alimentación, en este sentido, genera estructuras psicológicas. Ya al nacer, la relación más profunda y humana se establece normalmente entre la madre y el niño por vía de la alimentación.

> Mientras que el hambre tiene una fuerte base biológica, el apetito está en estrecha relación con la actitud psicológica.

Entre el mundo y el niño lactante se produce una corriente de experiencia, a través de la madre, por un puro proceso alimentario.

Con la alimentación, el lactante recibe una enorme cantidad de sensaciones y de emociones, que generan un fuerte vínculo afectivo, por lo que el niño entra «*socialmente*» en el mundo.

De tal modo, como dice Melanie Klein, el niño ve en el pecho de la madre un «*pecho bueno*» que lo alimenta y un «*pecho malo*» que no está presente cuando experimenta el inmediato y perentorio deseo de ser alimentado.

Con este juego de funciones alrededor de la alimentación, tan básico y elemental, surgen las primeras ambivalencias de los sentimientos. Alimentarse, pues, no es simplemente alimentarse, es algo más.

En el anoréxico, tanto la mecánica del apetito como los mecanismos del hambre se ven afectados de alguna manera; pero tanto el hambre como el apetito son fenómenos amplios que no podemos localizar en ninguna parte del cuerpo. Como función global debemos pensar que su manifestación tiene una naturaleza biológica y otra condicionada al entorno.

El apetito es un deseo y el hambre es un estado corporal provocado por la abstinencia de alimento. Uno y otro se alteran en el proceso anoréxico, con la excepción de los episodios bulímicos, donde el orden de alteración invierte su signo y corrobora cómo el hambre y el apetito aparecen de un modo muy alterado en su funcionalidad (el anoréxico puede tener momentos en que se alimenta de un modo desordenado, consumiendo sin parar alimentos).

El apetito es el deseo de alimentarse. Cuántas veces he oído yo en mi infancia, después de acaparar mucha comida en la mesa, eso de: *«Llenas el ojo antes que la calabaza»*, como expresión de un impulso incontenido y exagerado por la comida.

Y es que comer se torna un placer ligado no sólo al cuerpo sino a lo mental y lo social. Esa relación es la que se torna un problema grave en la anorexia, alterando las tres caras de ese triángulo.

> La anorexia pasa fases bulímicas (comer en exceso); se ve aquí la alteración de los mecanismos del hambre y el apetito.

Así que alimentarse, para los seres humanos, no es una cuestión reducible a aspectos puramente nutricionales sino también psicológicos y sociales.

Ése es el punto desde donde debemos partir para comprender la anorexia.

Comer es algo más que comer

Los niños muy pequeños reciben la alimentación en un entorno donde, al mismo tiempo de ser alimentados, se les dispensa un trato afectivo, amoroso. La comida está cargada de actitudes y de contextos.

Si soy una madre muy ocupada, quizá daré de comer a mi hijo con mucha prisa; si estoy estresada, a lo mejor empleo un sistema muy activo y me pongo muy nerviosa.

Claro que los niños responden a todas esas situaciones; probablemente, dejando de comer o haciéndolo peor. Actitudes, olores, sabores, posición, comunicación verbal y no verbal, juegos, caricias, regañinas, enfados...; son las cosas que rodean al niño pequeño durante la comida.

El mundo de la relación y de la sensación siempre está asociado al hecho de comer. Comer no es sólo comer sino comunicarse, reafirmarse, negar o aceptar, amar u odiar.

> El acto de comer, y no la comida misma, es lo que aprenden los niños que tienen poder de comunicación; los afectos y las emociones.

La comida no sólo satisface al hambre y elimina el apetito del niño sino que también colma el deseo de ser amado y atendido. Si la necesidad de ser amado y atendido no es satisfecha, el niño es capaz de arremeter contra el acto de comer (o sea, contra la satisfacción del hambre y el apetito). Es mucho más poderoso en la cotidianidad de la vida el afecto que comer. Es como si el niño dijese: «*Si no me quieres, no como.*»

Todo esto es verdad cuando los mecanismos biológicos de la comida no están alterados (por ejemplo: no come porque tiene una infección estomacal).

La comida conlleva disciplina, orden. Aprendemos poco a poco que comer tiene unos momentos; nos tenemos que ajustar a la aceptación de lo que se exige a la hora de la comida (tipos de comida, cantidad, gustos...), una disciplina, unas formas y unas maneras que reflejan nuestra cultura.

Chuparse el pulgar o ser anoréxicos

Todos hemos visto con cuánto deseo los niños se chupetean el dedo; algunos llegan a hacerlo incluso hasta edades muy tardías, preocupando a los padres.

Casi todos ellos, si ven un hábito muy acusado de este tipo en sus hijos, procuran poner en práctica alguna terapia que resuelva esta situación.

> El acto de comer es una escuela de aprendizaje para los niños; además de la comunicación se adquieren hábitos de disciplina y orden, de ritmo.

La succión del chupete igualmente tiene expresividad oral. Deseo resaltar el significado que estas conductas adquieren en los seres humanos niños. Uno pudiera pensar en la puerilidad de esos comportamientos infantiles, pero está demostrada, desde hace mucho tiempo, la alta significación adaptativa que tienen.

Ya hemos dicho que comer no es comer simplemente, pues tampoco chuparse el dedo es chuparse el dedo.

Detrás de esas conductas está el universo de la afectividad; los mecanismos de compensación por los cuáles los seres humanos manejamos nuestros sentimientos y emociones, nos relajamos, nos sentimos más seguros de nosotros mismos (eso es lo que están haciendo los niños cuando se llevan algo a la boca).

La boca es un centro de sensaciones muy importante. Uno se plantea si detrás de no comer, o de comer convulsivamente, no están operando las mismas cosas: mecanismos psicológicos puramente compensatorios, necesidades afectivas de reclamo, reparación de emociones y sentimientos de conflictos no resueltos.

Tanto comer mucho como comer poco son partes de un mecanismo común compensatorio de necesidades psicológicas que van más allá de la alimentación.

Y probablemente así sean: maneras simbólicas de adaptarse a la vida, quizá a una vida llena de percepciones ansiosas, angustiosas, problemáticas.

Los niños pequeños, con su transparencia, nos dan la clave de las cosas que se expresan con eventos lejanos. La anorexia de los adolescentes, en la circunstancia de no comer, está ubicando ahí su mundo lejano lleno de turbulencias, de inmadurez. El mundo interior se expresa con símbolos, con síntomas en la realidad exterior, como una gran llamada de atención.

¿Es que a caso el cuerpo cuando está enfermo no dice «*¡Atiéndeme!*», a través del dolor? También lo psicológico tiene su forma de reclamo en ubicaciones diferentes a lo que podemos esperar.

Un niño pequeño si tiene celos de su hermano se orina en la cama, por ejemplo, cuando antes no lo hacía. Si va por primera vez al colegio, o a la guardería, y tiene dos o tres años, para paliar la angustia que este suceso le provoca, estará apegado durante toda la mañana a un oso de peluche, o succionará el dedo o el chupete como nunca lo hiciera, o no permitirá que le quiten la mochilita que lleva colgada a la espalda.

Debemos pensar que los adolescentes tienen sus propios mecanismos para tratar de adaptarse al mundo, de compensar sus carencias, la baja autoestima, el conflicto con el entorno, y una manera de hacerlo puede comenzar por iniciarse en un proceso anoréxico.

El niño pequeño que todo lo soluciona chupándose el dedo, al final se hace daño en éste o se deforma la dentadura.

Las cosas tienen consecuencias. Tomar el atajo de la anorexia como una manera de compensar el conflicto personal y social puede traer consecuencias terribles.

Sabemos que el anoréxico(a) no se reconoce como tal, se mete en una espiral casi sin darse cuenta *(«A ella es imposible que le suceda eso»),* hasta un punto en el que el templo corporal queda dañado, y sus mecanismos de funcionamiento alterados. En algunos casos graves viene el hospital, o la muerte.

La anorexia es una llamada de atención a lo «bestia» con pasos sucesivos de complicación. Su desarrollo es como el de una película: tiene un inicio, hay un cuerpo argumental y se produce un desenlace...

> La anorexia puede ser simplemente una enorme llamada de atención de la personalidad adolescente. Se puede convertir en una simple gratificación ante los problemas que la vida presenta en su inmediatez.

Síntomas y comportamientos

Todo puede comenzar por tratar de gratificarse ante los problemas de la vida, y decidirse por la dieta; quizá con ello encuentre alguna solución a su vacío. José Manuel Nieves cita la fuente de Vandereicken para resaltar algunas pistas que nos pueden descubrir el inicio de un proceso anoréxico:

1. *Evita comer con otros o se retrasa lo máximo posible en acudir a la mesa.*
2. *Muestra signos claros de tensión durante las comidas.*
3. *Resulta agresiva u hostil durante las comidas.*
4. *Comienza cortando la comida en trocitos muy pequeños.*
5. *Se lamenta de que tiene demasiada comida o es demasiado rica en calorías.*
6. *Tiene "caprichos de comidas" inhabituales.*
7. *Trata de pactar sobre la comida (ejemplo: comeré esto, si no como lo otro).*
8. *Picotea la comida o come muy despacio.*
9. *Prefiere productos de dietas (con bajos contenidos calóricos).*
10. *Raramente dice tener hambre.*
11. *Le gusta cocinar o ayudar en la cocina, pero evita probar o comer.*
12. *Vomita después de las comidas.*
13. *Oculta los alimentos en servilletas, bolsos o ropas durante la comida.*
14. *Tira comida (ventana, cubo de basura, retrete).*
15. *Esconde o atesora comida en su propia habitación o en algún otro lado.*
16. *Come cuando está sola o en "secreto" (por ejemplo, por la noche).*

17. No le gusta ir de visita ni a fiestas por la "obligación" de comer.
18. A veces tiene dificultades para parar de comer o ingiere inusualmente grandes cantidades de comida o de dulces.
19. Se queja mucho de estreñimiento.
20. Toma laxantes (purgantes) frecuentemente o los pide.
21. Dice estar muy gorda sin tener en cuenta el peso perdido.
22. A menudo habla sobre la delgadez, las dietas o las formas de cuerpo ideal.
23. Se va de la mesa durante las comidas (ejemplo: "a hacer algo a la cocina").
24. Está de pie, anda y corre siempre que le es posible.
25. Se muestra lo más activa posible (limpia la mesa, la habitación, etc.).
26. Hace mucho ejercicio físico o deporte.
27. Estudia y trabaja mucho.
28. Raramente está cansada y descansa muy poco o nada.
29. Reinvindica estar "normal", "sana" e incluso "mejor que nunca".
30. Se resiste a ir al médico o rechaza los exámenes médicos.

Y todo esto, si se verifica el inicio, o el desarrollo, de un proceso anoréxico, es la expresión de que algo no marcha bien a nivel psicológico o/y social.

También conviene advertir que no todas las personas que tienen problemas respecto a una buena alimentación son anoréxicas.

En nuestra cultura se adoran muchos becerros de oro como el de delgadez; es lógico que la llamada de atención que es la anorexia se haga precisamente sobre la comida.

El control de la comida levanta muchas expectativas a nivel fantasía sobre el éxito, la belleza y el poder, principalmente en la mujer adolescente que siente cómo se vehícula el cuerpo hacia la madurez femenina, con las expectativas sociales que eso conlleva.

Aunque hablemos de los problemas de la alimentación no significa que todas las situaciones se puedan calificar de anorexia.

Elena F. L. Ochoa da como indicadores tempranos de la anorexia los siguientes circunstancias:

1. *Aumento importante de la actividad física.*
2. *Excesiva importancia a lo que los demás piensan del propio físico.*
3. *Inseguridad y preocupación excesiva por la propia apariencia.*
4. *Uso injustificado de laxantes, vómitos autoprovocados.*
5. *Rechazo de la comida, pérdida excesiva de peso.*
6. *Disminución de las horas de sueño.*
7. *Ausencia de menstruación.*
8. *Aislamiento social.*
9. *Imagen distorsionada del propio cuerpo.*

El descontento de la propia imagen corporal

La imagen que cada cual tiene sobre sí mismo no es la representación mental de un simple cuerpo; a eso se le llama esquema corporal. El esquema corporal sabe de asuntos como la derecha, la izquierda, la ubicación de cada miembro y un sinfín de otros datos objetivos por los que somos conscientes de nuestro cuerpo en relación al espacio exterior y a nuestro propio espacio interno.

La imagen corporal es mucho más que eso; tiene que ver con el afecto (amor o desprecio) que ponemos sobre lo que creemos ser como ente corporal vivo.

Nos importa nuestra imagen corporal en relación a lo que los demás sienten y piensan sobre nuestra realidad corporal. Por eso procuramos adaptar nuestra mismidad corpórea a las expectativas de los demás.

La imagen que tenemos de nosotros como cuerpo es de tal naturaleza psicológica, o mental, que podemos estar viéndola subjetivamente de modo irreal.

Por ejemplo, puedo estar delgada y tener una imagen de mí misma de «*gorda*», o parcialmente distorsionada (tener un culo gordo cuando es lo contrario).

Las personas anoréxicas suelen tener distorsionada su imagen corporal; de tal modo que persisten en su actitud de no comer precisamente por reafirmarse que están muy gruesas.

La imagen corporal para los adolescentes (principalmente la mujer) adquiere un valor inusitado de carácter psicológico, debido al exceso de la valoración social que se hace de ello.

La imagen corporal es una percepción subjetiva que cada persona tiene de sí misma, está llena de efectos y de sentimientos en relación a los demás («gustaré o no gustaré; estaré guapa o fea»)

Cuando la persona vive una distorsión de su propia imagen corporal, es como una realidad para ella misma; y si esa percepción de su propia imagen no es aceptada, eso le lleva al sufrimiento y a la posibilidad de tomar medidas drásticas con el fin de solucionarlo (lo que pasa con el trastorno anoréxico).

Particularmente, recuerdo el caso de un adolescente que se percibía con los hombros caídos; se miraba al espejo y no soportaba observarse de esa manera, pues pensaba que provocaría la hilaridad de los demás.

> La distorsión de la propia imagen corporal puede ser tal que lo evidente resulta falso...

En su familia no le veían ningún defecto, y así se lo hicieron saber con ahínco; pero no importaba: cuando este muchacho paseaba por la calle pensaba que todo el mundo le miraba por sus hombros caídos, así que optaba por ir con los hombros empinados hacia arriba de una manera rígida y muy artificial.

No pudo hacer nada durante mucho tiempo hasta que maduró en su personalidad. La imagen de su cuerpo tal como él la percibía subjetivamente era una realidad para su mente que le hacía sufrir.

Esto es un tema muy habitual entre los jóvenes y que tiene relación con la baja autoestima. No existen ni los espejos ni la objetividad de las básculas para poder corregir las percepciones distorsionadas de la propia imagen corporal.

Esta mecánica básica de negación de la realidad (*«Estoy delgada»*) por el de *«Estoy gorda»,* es un mecanismo de distorsión de la imagen corporal, que puede provocar tal sufrimiento que se opta por la dieta y el proceso de la anorexia. Los síntomas y comportamientos anoréxicos están fatalmente en su camino. Esta es alguna de las posibilidades de ser anoréxica o anoréxico.

Autocontrol en la conducta de comer

Cuando nos alimentamos nos autocontrolamos en muchos aspectos que hacen referencia a la ingesta alimentaria; de tal modo que comer se regula por una serie de patrones de conducta que nos llevan hacia una alimentación sana.

Cuando esos patrones de conducta equilibrados se rompen surgen problemas que afectan a la salud.

Tanto la bulimia como la anorexia no dejan de ser fenómenos producidos por ese desequilibrio, por la falta de autocontrol personal en la ingestión de alimentos.

En el caso de la bulimia el descontrol afecta a la cantidad de alimento consumido por exceso y la anorexia por defecto. Tanto uno como otro rompen los mecanismos habituales por los que se lleva a cabo el consumo de alimentación humana.

El descontrol que podemos tener sobre la alimentación se proyecta de dos formas bien diferenciadas y antagónicas. Es como si fueran los dos polos de una misma cuestión. Lo importante es tratar de localizar las múltiples causas que pueden llevar a una persona humana hacia el descontrol alimentario. En realidad, este descontrol lo es fundamentalmente de la personalidad humana, y rara vez se debe a causas de tipo somático (aunque existen enfermedades y alteraciones orgánicas que pueden producir síntomas como la anorexia).

> La bulimia es un descontrol por exceso de alimentación, de forma muy convulsiva y alterada.

Uno podría preguntarse por qué se proyectan sobre la alimentación los problemas personales y sociales. Sería una buena pregunta de muy difícil respuesta.

De cualquier manera, el ser humano es un ser comunicativo y cualquier circunstancia es buena para proyectar de modo simbólico su propia realidad interior; en este caso, los seres humanos pueden proyectar el desequilibrio y la falta de integración social sobre la función orgánica de alimentarse.

Así que cuando deja de existir control en la conducta alimenticia y no hay ninguna razón de tipo orgánico que la justifique estamos, pues, ante razones de índole psicológica y/o social.

Para volver de nuevo al autocontrol alimentario (alimentarse con normalidad), de alguna manera se exige que el individuo pueda llegar a autocontrolarse a niveles emocionales internos y autocontrolar su relación con el entorno.

Cuando la personalidad humana establece una nueva armonía entre los estados del yo y su mundo social, problemas como el de la anorexia y la bulimia desaparecen, pues la persona no tiene necesidad de proyectar ningún conflicto sobre las funciones propias de la vida. Éste es el camino del tratamiento en el trastorno de la anorexia cuando las causas son psicológicas y sociales.

> La alimentación equilibrada exige autocontrol personal, y para eso se necesita equilibrio emocional y afectivo.

El anoréxico debe entender y tomar conciencia de la problemática que le rodea, de la ansiedad y la angustia que puedan producirle las cosas. Esa toma de conciencia de quién soy yo y mis circunstancias, a veces resulta muy difícil; por tanto, el anoréxico se debe apoyar en personas que le ayuden a entenderse mejor a sí mismo: sus familiares y, sobre todo, el terapeuta.

La falta de control sobre la alimentación, según esta perspectiva, es también la falta de autocontrol del individuo consigo mismo y los demás. Y debemos tener conocimiento de lo que nos ocurre para que podamos controlarlo; claro que para eso necesitaremos ayuda. Comenzamos a solucionar nuestros propios problemas cuando logramos hacer una reflexión sobre nosotros mismos.

> Los problemas de la personalidad humana se proyectan sobre muchas acciones, la de comer es una más.

«Ocurre en ocasiones que los trastornos de alimentación son únicamente el disfraz y el canal de salida a otros problemas de la personalidad, surgido de la imposibilidad para expresar las emociones (positivas y negativas) —escribe Elena F. L. Ochoa—, *para comunicar lo bien o lo mal que uno se siente, para compartir las inseguridades y los miedos, los temores y las ideas irracionales que con frecuencia se apoderan del pensamiento de la mayoría de las personas y, sobre todo, de los adolescentes.»*

Y continúa diciendo esta autora:

«Si por personalidad se entiende el conjunto de ideas, formas de reaccionar, de sentir y expresar lo que sentimos, la manera de comportarnos socialmente y la forma de percibirnos física y psicológicamente, el conocimiento constante y continuo de la personalidad (de los pensamientos, emociones y actos) y el cultivo de la misma, es una condición necesaria para el desarrollo y mejora del autocontrol.»

La reflexión nos lleva a la solución de las cosas

Conocerse a sí mismo es una condición indispensable, no sólo para poder solucionar nuestros problemas puntuales como persona, sino que, además, es necesario para el propio desarrollo personal.

El ser humano, cuando es capaz de reflexionar sobre sus propios procesos mentales y los productos que la mente elabora, está más capacitado para orientar y mejorar su vida. El camino que conduce a ello es fundamentalmente la reflexión. Si me doy cuenta de que un pensamiento obsesivo es capaz de ponerme en un brete y desadaptarme de la vida, justo estoy en la dirección de desarmar a ese pensamiento negativo para que deje de producir tal efecto.

> Cuando la persona logra el dominio sobre su personalidad es más capaz de controlar problemas como el de la anorexia.

Las cosas no son tan sencillas, pero por ahí van los tiros. Imaginemos a una adolescente decir:

«Soy una mierda», alguna vez he oído esta expresión en la vida real, y se da cuenta, al reflexionar sobre el porqué de esa opinión de sí misma, que le falta una valoración más positiva sobre ella y es consciente de que le falta autoestima, esa toma de conciencia, ese autoconocimiento que tiene ahora le puede llevar a neutralizar su pensamiento negativo, y a ocupar su cerebro con ideas contrarias; quizá deba aprender a decirse:

«Pues bueno, soy una chica interesante que sabe lo que quiere», por ejemplo.

Hay que saber armonizar las diversas fuentes interiores, y además debemos saber que nuestras energías son de carácter positivo o negativo.

Hacer que los pensamientos que ocupan nuestro cerebro sean positivos y no negativos, porque tomamos conciencia de ello y así lo queremos: ésta es la mejor terapia del mundo para vivir una vida psíquicamente sana.

El equilibrio mental, el control de la mente, es la fuerza que podría ayudarnos para resolver problemas como el de la anorexia, o principalmente para no llegar nunca a ellos.

Procura observar la propia mente, incluso anotar lo que se siente y se piensa, para luego reflexionar sobre ello.

No existe en el comportamiento humano capacidad más alta y más difícil que la que produce el pensamiento al observarse a sí mismo.

Si un gato pudiera con su cerebro verse como tal gato, habría nacido a la inteligencia y a todas las capacidades superiores de la que goza el ser humano.

Sembrar nuestro interior de pensamientos positivos y optimistas es una terapia de salud mental realmente apasionante.

Cuando se tiene un problema como la anorexia uno debería poder llegar al fondo de la cuestión a través de localizar las verdaderas razones por las que un individuo no come.

Partir de las causas que están latentes bajo la fosa de la mente. Todo pudo comenzar por un viejo pensamiento que viene de muy antiguo:

«*Soy fea*», pensó la niña cuando iba a la escuela porque sus compañeras, de cuando en cuando, se metían con su físico.

Nadie echó cuenta de aquello porque ella tampoco decía nada, pero procuró ser la primera de clase para compensar sus complejos. Aquel pensamiento no desapareció, así que sus reacciones ante los demás eran de timidez y vergüenza, principalmente por su cuerpo.

Al llegar a la adolescencia lo único que pudo hacer fue reaccionar contra su propio cuerpo que tantos complejos le había dado, y de modo brutal comenzó a no comer. Todo por conseguir la estima y la admiración de los demás.

La anorexia hizo mella en aquella chica. Alguien le enseñó a observarse en su pasado, y se recreó en lo absurdo de aquel pensamiento infantil reforzado por la mala experiencia con los compañeros.

Luego, ella misma aprendió que existían cosas más importantes en las que ocupar el pensamiento y que, además, producían gran satisfacción. Esa conclusión llegó gracias a su propia reflexión.

Alguien podría pensar en el miedo que le dan los demás; el de no ser aceptado por los otros tal como es.

Esta chica siempre ha sentido terror de estas cosas. Ha elaborado multitud de pensamientos negativos en relación a ser rechazada por su propio aspecto físico.

No es que sea fea, es que piensa que es feísima, y desde que llegó a la adolescencia está condicionada por esa obsesión en todo lo que constituye su relación con los demás.

> Darse cuenta de cómo fluyen los pensamientos en el interior es la mejor forma de autoayudarse.

Así que se agarró a la idea de que cualquier cosa que comiera la engordaba. Hasta que se dio cuenta de su error tuvo que reflexionar mucho sobre sus pensamientos negativos y lo distorsionados que eran respecto a la realidad y los pensamientos que tenía sobre ella misma. Ahora por fin ve lo que es: una chica mona, pero eso es lo de menos, ya que al superar sus propios pensamientos, los temores hacia la relación con los demás también se habían disipado otros complejos y problemas...

> Muchas chicas adolescentes anoréxicas durante su infancia lo pasaron mal por ser gorditas y sufrir el acoso psicológico de sus compañeros.

La anorexia puede tener, pues, causas remotas muy distantes al propio trastorno alimentario. Llegar a esas causas es fundamental para la solución del problema.

Lo más importante del proceso es que la persona anoréxica se dé cuenta del porqué de su descontrol alimentario, pero la primera toma de conciencia que debe abordar es el reconocimiento expreso de que se tiene un problema.

CAPÍTULO III

UN TERREMOTO: LA ADOLESCENCIA

La rebelión del adolescente

Viéndolo desde la perspectiva de la significación social que pudiera tener la anorexia, podría sernos más razonable que el anoréxico emprenda una batalla contra el apetito y el hambre desde una alteración social y personal, como expresión de un desamor consigo mismo, o como rebeldía profunda al sentido de su vida; quizá idealizando sus propias pretensiones e intentando llegar más allá de los límites permitidos por la razón, aunque se tenga que negar la evidencia (¡Soy anoréxica o anoréxico!). En el fondo, es el síntoma de que algo no marcha bien en relación a uno mismo y los demás. Nadie puede sentir más miedo existencial que una adolescente.

> Son mayormente los adolescentes los que padecen anorexia y principalmente mujeres: ¿por qué?

Es razonable temblar cuando tu propio cuerpo cambia («*Y si no lo acepto ¿qué...? No quiero ser mayor...*»); cuando la referencia social está en quiebra, principalmente la familia («*¡Todo me lo imponen y yo no cuen-*

to!»), y la mente no tiene seguridad, no se acepta a ella misma *(«No me quiero. No soy nada ni nadie. Soy insegura o inseguro»)*.

La adolescencia es un torbellino de metamorfosis humana: el paso del niño, o la niña, al hombre o la mujer. La anorexia puede llegar cuando el individuo vive esa crisis adolescente como un auténtico terremoto, y hay que arremeter contra el hambre y el apetito; en el fondo, es apostar por el *thanatós* (por la muerte) frente al *eros* (vida) en un conflicto de cierto calado existencial.

Lo que viene de la infancia...

Observando cómo el niño pequeño utiliza la comida, veremos que es la manera más directa en que podemos relacionar los factores sociales y personales con ese trastorno alimentario.

> La adolescencia es un período de la vida humana muy característico por sus manifestaciones.

«El niño que comienza la adaptación a la sociedad —escribe Ajuariaguerra— *utiliza la comida como medio de cambio; la madre hace uso de todas sus artimañas para hacerle comer, y el niño para hacerse rogar. Cuando la madre tiene prisa lo atiborra, y también existen esas interminables comidas de madres ansiosas, que temen que sus niños estén mal alimentados. A veces se producen consecutivas reprimendas y felicitaciones».*

No podemos extrañarnos de que la propia vida, en su sentido más amplio, esté estrechamente relacionada con la comida; así lo hemos mamado desde bien pequeños, cada cual a su manera; es decir, cada cual según su familia.

Entender el fenómeno de la anorexia no se puede apartar de la comprensión que debemos tener del entorno de la familia. Es curioso que la anorexia haga con bastante frecuencia mella en chicas impecablemente bien consideradas, tanto en el medio familiar como en el ámbito escolar.

Han aprendido a ser voluntariosas y trabajadoras; muy exigentes consigo mismas hasta en los menores detalles; sin embargo, quizá eso mismo que su ambiente social ha aprobado con gran admiración y promovido con su exigencia su familia, es lo que le lleva a negarse ante lo inevitable (cambios de la pubertad) y a inclinarse hacia el peligroso territorio de la anorexia, como ya hemos comentado en otra parte de este libro.

> La familia no es neutra ante el problema de la anorexia que pueda aparecer en uno de sus miembros.
> La anorexia se desencadena por multitud de causas, siendo muy difícil agruparlas todas en una explicación.

Otras piensan que no teniendo límites el mundo para sus deseos optan por hacer lo imposible y alcanzar esos ideales sociales de la moda, la esbeltez y la belleza, adentrándose en un túnel sin fin.

José Manuel Nieves escribe: *«Si unimos este hecho natural al modelo socialmente aceptado (y masivamente difundido a través de los medios de comunicación) de que la delgadez equivale a éxito y belleza mientras que la obesidad es síntoma de fealdad y fracaso, tendremos el caldo de cultivo adecuado para que prolifere esta grave enfermedad.*»

La comida es una moneda de cambio no sólo para los niños sino también para los adolescentes, que no dejan de ser niños recién arribados a las arenas de la madurez.

Muchos padres se extrañan de estar delante de personas diferentes al comparar la niñez con la adolescencia de sus propios hijos.

Es precisamente la comida, en el medio familiar, durante la infancia, uno de los temas que más preocupan a los padres. Si el niño come, todo el mundo está feliz y contento, pero si el niño no come, mal asunto.

Esto permanece a lo largo del tiempo, lo cual es un motivo por el que la comida constituye un tema central en la vida familiar. Quien no come, toca el canon familiar, desata el desaire de los padres y el conflicto está servido; o bien es excesivamente cuidado. No comer es algo que no deja indiferente a nadie en el entorno social.

Escribe Ajuariaguerra que «*la comida es una institución social con un ritual y una participación de la familia. Por sus horarios y la manera de llevarlo a cabo se siente como una obligación, y su aceptación es un regalo para los padres. El comer significa varias cosas: alimentarse, sentir un placer, un acto cuya finalidad última es crecer...*».

La persona anoréxica siente placer por no alimentarse y puede establecer una negación a «*crecer*» más allá de la niñez, ya irremisiblemente perdida.

En un ambiente dominante

Cuando la familia es un medio que domina al joven anoréxico, ya desde la niñez ese ámbito dominador es el que le hace dócil y se encauza hacia el esfuerzo y la voluntad, con buenos resultados académicos, y se somete a la voluntad de los padres en todos los sentidos, transformándose en un modelo de hijo.

Pero eso resulta engañoso con la llegada de la adolescencia. Los excesos de mimos y cuidados excesivos (como expresión de dominio) dan como resultado una dinámica que mueve al adolescente hacia la reacción anoréxica.

Es histórico saber que esto sucede frecuentemente en familias que se dedican al cuidado de un hijo único, o en familias con muchas posibilidades económicas, acomodadas.

En la niñez queda todo como soterrado, pero cuando comienza la adolescencia el conflicto se hace evidente (quizá por la propia naturaleza conflictiva de este período).

La anorexia surge muchas veces como un conflicto entre el adolescente y su entorno.

La anorexia, en este sentido, surge como reacción conflictiva hacia el medio familiar. Es la manera que tiene el anoréxico de oponerse, de decir: «*¡Basta ya!*», a lo que le rodea.

Evidentemente a esa reacción anoréxica del adolescente hay otra por parte de la familia, que se mueve, conmovida por la situación o en claro enfrentamiento, lo cual puede provocar en sí mismo el refuerzo de la conducta indeseable.

De cualquier modo, si esto fuera simplemente así habríamos de preguntarnos: ¿por qué entonces la mujer es principalmente anoréxica y no también el hombre?

Aquí ya sí pueden introducirse factores de tipo social. La educación, aunque la filosofía pedagógica actual es de carácter no sexista, influye de modo diferencial entre hombres y mujeres por el influjo de lo cánones que la sociedad difunde y promueve.

> Las actitudes que los padres muestran en la educación de los hijos son la base del desarrollo de la personalidad de éstos.

En una familia, incluso en las actuales, se requiere de las chicas un alto grado de docilidad, además de las presiones que reciben a causa de los cánones femeninos establecidos.

Quizá estos factores, y otros muchos, son los que inclinen la balanza de la anorexia hacia las adolescentes. Lo que está claro es que este mal es una reacción hacia el conflicto interior que la persona tiene con relación a sí misma y su entorno, y quien ve evidenciada la consecuencia de ese conflicto es el cuerpo.

La educación de la familia, en el ojo del huracán

Que desde la infancia los niños tengan manía hacia las cosas y que los padres se las refuercen por un exceso de dedicación mantiene el principio de que el niño aprende a resolver sus carencias y conflictos precisamente reaccionando maniáticamente ante las cosas (algo que es inadecuado y peligroso).

Estamos en un mundo donde se fomenta en exceso dentro de la familia, la protección a los hijos; bien para repararlos porque nunca estamos con ellos o porque siempre estamos con ellos, para protegerlos del feroz mundo exterior.

El caso es que como consecuencia de nuestra falta de madurez en la educación de los hijos, éstos reaccionan con manías, se hacen caprichosos y poco autónomos; así que resuelven sus problemas de manera inmadura y empleando recursos infantiles.

No podemos dejar de pensar que si la anorexia aparece como consecuencia a un conflicto social o personal, la manera que tiene el adolescente de reaccionar es inmadura y de carácter regresivo, ya que utilizar la comida como medio para la solución de los problemas lo que no deja de ser una reacción maniática que ya se observa incluso en los bebés, y que en el fondo pertenece a la categoría de lo mágico e ineficaz.

El adolescente se ve abocado a emplear recursos para solucionar sus conflictos personales como los viviera durante su niñez.

La educación de los padres, el modo de enseñar a afrontar los problemas de los hijos, es lo que de la niñez se transfiere a la adolescencia, siendo de igual manera inadecuada la apelación a reacciones como la anorexia.

La comida está así en el ojo del huracán. A veces, nos extrañamos de que la anorexia vaya aumentando en nuestros tiempos, y es verdad que una sociedad que potencia la estética de la delgadez como vía de escape a la problemática personal —principalmente de las chicas—, también se vea afectada porque los padres practican una educación de sus hijos *light*, sin fondo ni forma,

---

> El adolescente tiende a resolver sus conflictos emotivos y afectivos como lo hiciera en su niñez.

sin sentido ni razón, individualista y egoísta, y eso es tan frecuente ahora como granos de arena hay en la playa.

No podemos pensar que si nuestros hijos pueden caer en un trastorno que evoca tanta inmadurez e irresponsabilidad del adolescente como la anorexia, nosotros seamos inocentes ante ello. La familia tiene mucha responsabilidad. ¿Cómo educamos hoy?

Las múltiples causas de la anorexia

Estamos viendo que para llegar a la anorexia, tal como se va a Roma, se hace por muchos caminos.

Padecer un trastorno común (lo sufre mucha gente) no significa que tenga causas iguales. Las causas pueden ser muy variadas.

«Las restricciones alimenticias —dice Ajuariaguerra— *comenzarán a raíz de un choque emocional o de evidentes conflictos psicológicos.»*

Esto alude a multitud de circunstancias posibles. El hecho de que una persona realice una dieta, y que a partir de ello aparezca el proceso anoréxico, no es la única manera que tiene este trastorno de iniciarse.

Seguir una dieta esconde no sólo el deseo de adelgazar sino, que debajo, hay multitud de circunstancias psicológicas que lo apoyan.

No existe una relación muy clara entre este hecho concreto y la anorexia que puede remitir a otras causas que podrían investigarse a través de preguntarse: ¿y por qué una persona hace una dieta cuando no existe una necesidad médica para adelgazar?

Podríamos, más allá, analizar otras cuestiones: si la dieta se hace por una necesidad estética, ¿a qué causas obedece mejorar la estética? ¿Estamos insatisfechos con nuestra propia imagen?

¿Por qué nos interesa mejorar nuestra imagen? ¿Quizá por falta de autoestima?

> La falta de autoestima, la falta de confianza en uno mismo, la credulidad y la inmadurez son causas de multitud de problemas.

La falta de autoestima, la falta de seguridad personal, la cerencia de un concepto positivo de sí mismo, es algo que se da con mucha frecuencia en los adolescentes:

«Un 85 por 100 de la población joven femenina y un 40 por 100 de la masculina muestran descontento con su propia imagen —escribe Ana Muñoz en un artículo sobre la comida—, *pero parece que en un 90 por 100 de los casos esa insatisfacción es sólo producto de la exageración. La mayoría impone sus criterios en todos los ámbitos excepto en el estético. "Existen 3.000 millones de mujeres en el mundo y sólo ocho son supermodelos", reza el último lema de Body Shop.»*

Imaginar una solución rápida a todos los problemas de la vida como dar un valor desmedido a la estética y cambiar la propia imagen es una fuente poderosa para iniciarse en el trastorno que venimos analizando. La propia inmadurez de la adolescencia mueve muchos resortes de compensación psicológica.

Puede llegar a satisfacer no comer, por lo que ello aportará en términos de éxito personal, en el sentido de la metamorfosis corporal, que acarrea al lograrlo (estar delgada, por ejemplo).

> No comer, en sí mismo, puede llegar a convertirse en una fuente de placer, lo cual refuerza la conducta anoréxica.

Es un resorte psicológico y un mecanismo de compensación como lo es comer mucho; uno y otro caso desplazan el conflicto hacia conductas alternativas que producen muchos efectos: comer da un placer inmediato y desplaza cualquier tipo de ansiedad o problema que se tenga. Así que el alimento se torna fuente de deseo. En la bulimia se pierde el control del objeto deseado. En la anorexia, la abstinencia espartana ante la comida en sí misma también es placentera, por lo que de igual manera la ansiedad y los problemas psicológicos se ven desplazados inmediatamente por el placer de no comer; aparte de las modificaciones físicas que se dan en el proceso anoréxico y que perpetúan la falta de apetito y de hambre.

La anorexia, además, promete un cuerpo cuya imagen es el ideal femenino de nuestra cultura, todo un refuerzo para fantasear sobre el éxito.

«... hace un cuarto de siglo, las maniquíes pesaban un 8 por 100 menos que la gente "corriente"; hoy esa cifra alcanza el 23 por 100 —escribe Ana Muñoz—; *las anoréxicas actuales son todavía más delgadas que las de generaciones pasadas.»*

El origen real de una anorexia es muy difícil detectarlo, pues puede tener muchas causas muy desligadas aparentemente del trastorno alimentario.

«Jano», la revista médica, dice: «*Todavía se desconoce la etiología de estos trastornos, pero está establecido que a cierta predisposición genética y biológica se añade la vulnerabilidad psicológica propia de los adolescentes y el omnipresente factor sociocultural. El deseo de perder peso a toda costa y el desproporcionado temor a la obesidad tienen mucho que ver con la moda y los modelos a imitar que irradian los medios de comunicación, la publicidad o el cine... La industria cultural de los noventa apuesta por la delgadez, lo huesudo y lo enfermizo en anuncios y pasarela, y el mensaje ha calado entre las jovencitas y los jovencitos.*»

Habría que promulgar leyes que prohibiesen a las empresas aprovecharse de la ingenuidad, de la presión que ejercen determinados modelos sociales peligrosos para la salud, a los que están gravemente expuestos los niños y los adolescentes.

> La ingenuidad de los niños y adolescentes es lo que hace que lleguen a sus mentes ideas falsas sobre la realidad que toman como ciertas.

Y no basta con trabajar en la escuela en dirección contraria a esta tendencia, si lo que ahí se hace lo echan por tierra la inmensa credibilidad e hipnosis mental que producen los medios de comunicación social sobre esa masa de población ingenua que son los niños y los adolescentes.

Aunque los políticos ya están poniéndose en marcha para paliar el problema de la anorexia, sólo hasta ahora en el terreno de las intenciones, es la sociedad con su cambio de gustos y una nueva ética de las empresas las que pueden hacer triunfar la racionalidad del mensaje constructivo y no destructivo.

La dimensión psicológica de la anorexia

En un momento determinado, el cuerpo es para las adolescentes, un instrumento de expresión del desarrollo de la personalidad; sobre el cuerpo se aposenta una ingente cantidad de contenidos mentales.

> El cuerpo es para los adolescentes un medio para vincular su mundo de necesidades y deseos.

No es de extrañar que sea la vía alimentaria un mecanismo de uso para realizar determinadas aspiraciones mentales: adelgazar para estar a la moda, o cumplir con el deseo de alcanzar un ideal femenino, expresa la relación simbiótica que existe entre la personalidad del adolescente y su cuerpo.

O la reacción de la personalidad al entorno cuando se sufre, porque se vive hacia los demás, un conflicto de imagen corporal al sentirse incómodamente obesa, determinándose con ello el deseo de adelgazar.

También las adolescentes viven los cambios corporales con resistencia y negación al perder su niñez.

«... pero más frecuentemente su deseo de adelgazar esconde un rechazo a la feminidad —escribe Ajuariaguerra en relación a estas reacciones adolescentes—, *siendo su tipo ideal el "plano", la mujer de nalgas planas y pechos casi inexistentes que rehúye la diferenciación sexual... En la restricción de alimentos existe una vivencia simultánea de castigo y de una cierta purificación.*»

Nos comenta este autor que, a veces, negarse a consumir un determinado tipo de alimento (casi por rito simbólico) puede ser generalizado a toda la comida; es decir, se deja de comer no por querer adelgazar y estar a la moda, por ejemplo.

Existen también causas de desestructuraciones de la personalidad que remiten a fantasías orales de tipo psicológico muy en la línea de la interpretación psicanalítica, que se aleja un poco de la etiología más corriente con la que explicamos el fenómeno de la anorexia.

> Otras causas de la anorexia no se localizan en el deseo de querer adelgazar sino por desestructuraciones de la personalidad. La anorexia puede aparecer como un trastorno que remite a mecanismos de defensa de la personalidad frente a la realidad de la vida y los impulsos inconscientes.

De cualquier modo, el período de la adolescencia es el momento más propicio para que todo un mundo de impulsos inhibido durante la niñez (o controlado por la psique), aflore ahora con una gran energía y que, en el caso de la mujer adolescente, intente fijarlos sobre conductas como la alimentación, haciendo de ello la expresión simbólica de ese cambio que supone la metamorfosis del paso de niña a mujer, en la que la fuerza del inconsciente puede atenazar de alguna manera un comportamiento como es el de comer.

La personalidad queda desestructurada, en proceso de cambio, y es por este motivo por lo que la aparición de la anorexia es posible como manifestación de esa tormenta cuyas causas y mecanismos son muy difíciles de conocer.

Ajuariaguerra nos indica que, para H. Thomä: «*La pubertad le confiere a la enfermedad una nota especial:*

el aspecto y el síntoma dependerán de la calidad y de la cantidad del contenido inconsciente que amenaza al Yo, así como de la elección de mecanismos defensivos que entran en juego.»

Y nos sigue diciendo este autor que el anoréxico teme al impulso y a la realidad: «*El temor de satisfacer el apetito parece mayor que el de morir de hambre.*»

La sexualidad se torna en la adolescencia una realidad mental y puede aparecer un conflicto entre el ideal del Yo y el ideal de cuerpo (o Yo corporal).

Esto es vivido con temor y puede revertir en reacciones anoréxicas. No es fácil entender estos mecanismos psicológicos de defensa de la mujer adolescente frente a su realidad física, psicológica y social en cambio irrefrenable.

La anorexia puede ser una manifestación de la resistencia a todo cambio:

«*... la anorexia es un autocastigo* —escribe Ajuariaguerra—, *y el hecho de disminuir la fuerza acarrea nuevos sentimientos de culpabilidad, de ahí la necesidad de reaccionar con una febril hiperactividad.*»

Hay en la anorexia una reacción negativa a todo intercambio; de ahí que reaccione de modo opositor al ambiente familiar; la afectividad y el contacto físico y social quedan también alterados.

La anoréxica se sumerge en un mundo de confusión y de angustia muy alarmante donde los impulsos quedan alterados.

«Rechazar la satisfacción oral —escribe Ajuariaguerra citando a M. Selvini-Palazzoli—, *el hambre, significa adquirir seguridad y poder, siendo sentida la satisfacción oral como incompatible con la necesidad de seguridad y de ser autónomo y poderoso; el cuerpo es algo inaceptable, culpable y concreto portador de la flexibilidad psíquica que siente la persona enferma. Debido a sus sentimientos de impotencia, se siente incapaz de probar su poder en las relaciones interpersonales, lo que le hace ocuparse plenamente en una relación intrapersonal con su propio cuerpo.»*

Todo esto vendría a ser como una gigantesca lucha que establece la anoréxica entre la realidad de su cuerpo y sí misma, porque no puede entablar una relación sana con la realidad exterior y arremete y se siente poderosa sometiendo a su propio cuerpo.

Es en esta relación de *«muerte»* con el cuerpo donde la anoréxica pierde su propio miedo, sus complejos de inferioridad, la timidez; todo eso que le aterra enfrentar en el plano de la realidad.

> La anorexia puede ser una manifestación de lo que a la persona le cuesta integrarse tal como es en su entorno.

La anorexia es así un mecanismo que compensa a la luchadora derrotada en las esferas exteriores de la vida.

Esto por supuesto no es válido para explicar la perspectiva psicológica de todas las anoréxicas, sino para algún tipo de anorexia; para otras no existe la evidencia de la negación del propio cuerpo.

«En opinión de H. Bruch —comenta Ajuariaguerra—, *la anorexia mental corresponde a tres grados de*

trastornos psicológicos: perturbación del esquema corporal y del concepto corporal; modificación de la exacta percepción o de la interpretación cognitiva de los estímulos corporales, es decir, fracaso en la interpretación de signos interoceptivos indicativos de necesidad de satisfacerse; en general habrá que considerar la hiperactividad y la fatiga como expresión de la perturbación, a un tiempo conceptual y perceptiva, de la conciencia corporal.»

Engendra, como vemos, mucha dificultad entender lo que sucede en el psiquismo del anoréxico. Existen muchas explicaciones (incluso contrarias) refrendadas por multitud de autores.

Algunos de ellos coinciden en observar una situación depresiva inherente a la anorexia, como una componente que la suele acompañar pero que tampoco es su fundamento, como no lo es su carácter depresivo.

La anorexia es un trastorno muy difícil de explicar desde el punto de vista psicológico.

Todo esto nos lleva a pensar que el trastorno alimentario de la anorexia posee unas claves psicológicas realmente densas y difíciles de entender, y que su complejidad y variabilidad van a depender de las características de la personalidad de cada anoréxico. Claro que eso no excluye la posibilidad de que se puedan encontrar rasgos y procesos mentales y psicológicos comunes a todos ellos.

«*Estas enfermas no suprimen del todo el alimento como los psicóticos* —escribe Ajuariaguerra—, *lo redu-*

cen de forma absurda y juegan con la muerte como los niños que la conciben como un juego en la que uno se esconde, comportándose con su cuerpo de forma mágica sin contacto con la realidad.»

La verdad es que todas estas cosas acontecen dentro de un proceso ya avanzado del propio trastorno; mejor dicho, se inicia el proceso con escaramuzas mentales que poco a poco se van agravando; a lo que antes casi no se le daba importancia, ahora es algo realmente esencial.

Ser mujer adolescente y ser anoréxica

Si pudiéramos caracterizar la adolescencia desde el punto de vista de su realidad corporal, psicológica y social, quizá el trastorno anoréxico se nos aparecería como algo más coherente ya que al común de los humanos le llama mucho la atención que alguien pueda llegar a dejarse morir de hambre sin causa justificada. Seguramente por eso la anorexia es tan popular y misteriosa.

Precisamente las estadísticas apuntan hacia esta población como diana del mayor número de casos. El período adolescente entre los once o doce años y los veinte es el que transcurre constituyendo la fase de la vida que media entre la niñez y la edad adulta.

> En la anorexia puede que no exista una conciencia real del carácter peligroso que entraña no comer. Las características de las adolescentes son un campo abonado que favorece la aparición de la anorexia.

Es la época de la crisálida humana. Pubertad, juventud o adolescencia son los tres nombres que se usan para denominar este período de la vida, y en cada uno de estos nombres se intenta enfatizar una dimensión importante de su realidad.

«Cuando hablamos de pubertad estamos haciendo referencia a las modificaciones anatómicas y fisiológicas que culminan con la producción de células germinales —escribe Carmelo Monedero—; *cuando nos referimos a la juventud es para tratar de la proyección social y de las nuevas actitudes de la gente joven; cuando hablamos de adolescencia es para tratar de las modificaciones psicológicas que tienen lugar en un período de tiempo comprendido entre la niñez y la edad adulta.»*

En estos tres ámbitos se mueve también la certidumbre anoréxica como un trastorno típicamente adolescente y de la mujer.

En la adolescencia el ser humano pasa por una auténtica revolución social, psicológica y corporal.

Es el cuerpo el que promueve e inicia una gran revolución con consecuencias en lo psicológico y lo social. Las hormonas juegan un papel preponderante dentro de las reacciones corporales que hacen tambalear la seguridad del adolescente.

El niño queda poco a poco desequilibrado en su realidad y pasa a vivir un período de crisis. Dentro de toda esa compleja certeza entra de lleno al mundo de la sexualidad, pero no vivida como la sexualidad latente de niño, sino como una realidad manifiesta del ser adulto.

Muchos adolescentes no saben encajar este cambio, lo que les produce una ingente cantidad de angustia; es la angustia de la crisis adolescente.

Todo ello ha de ser elaborado en una mente que debe cambiar también desde la niñez a la adultez. Y es lógico que la adolescencia represente una etapa que la sociedad juzga de dificultosa, pero superable; de mucho sufrimiento quizá, pero también de una enorme belleza que ya jamás será olvidada.

> Existen muchas adolescentes que no admiten un cambio sobre su niñez y se inclinan hacia la anorexia.

Una de las maneras en que se manifiesta la dificultad que presenta la adolescencia, principalmente en la mujer, está expresada en el trastorno de la anorexia.

Tanta coincidencia de esta enfermedad durante este periodo de la vida y la incidencia preponderante en la mujer tienen que ver con las características intrínsecas de ser adolescente en una cultura como la nuestra.

La rebeldía, un signo inequívoco de cambio

El niño realiza hasta la adolescencia una especie de compás de espera al respecto de sus propias pulsiones, estructura su mundo basándose en esa latencia.

La adolescencia supone la ruptura de ese equilibrio y las nuevas experiencias que siente con respecto a su cuerpo, en proceso de cambio, le enfrentan de nuevo hacia sí mismo y los demás, de tal manera que ha quedado roto su equilibrio.

Hay adolescentes que no admiten ese cambio de relación con su mundo exterior e interior. La ruptura del equilibrio en la niñez no es admitida, e incluso negada por muchos adolescentes, de tal modo que se produce psicológicamente una reacción a la metamorfosis en marcha, y se provoca el fenómeno de la rebeldía.

Todos las adolescentes reaccionan al cambio que se establece en ellos en esas tres dimensiones de lo corporal, lo psicológico y lo social. Se entiende que la adolescencia es un período de oposición, de revisión.

> No comer es una actitud que expresa oposición y rebeldía, algo muy característico de la edad adolescente.

Son las familias las que viven más intensamente ese fenómeno de la rebeldía adolescente, precisamente porque muchas de las manifestaciones de la misma se dirigen hacia ella, y de modo muy importante se expresa en la oposición a la autoridad de los padres.

Este fenómeno tiene cierto carácter universal, pero no se da con la misma intensidad en todos los adolescentes.

La rebeldía y la oposición no tienen por qué tener un carácter de enfrentamiento directo ya que pueden ser expresadas de muchas maneras y formas. Es decir, la rebeldía y la oposición puede expresarse de una forma inactiva: no comiendo, no hablando, no participando...

Esta actitud determina también la manera de estar y de ser. Esta especie de fenomenología existencial del adolescente conforma su propia naturaleza.

Dejar de ser *«alguien»* para llegar a ser *«otro»* es lo que viviría el adolescente con cierto nivel de conflicto y de rebeldía. El modo en que cada persona expresa este singular cambio es la forma particular de ser de cada adolescente; es decir, no podemos pensar que todos sean iguales.

La anorexia: ¿un síntoma de rebeldía?

Los aspectos diferenciales de ser adolescente pueden apreciarse en el modo de vivir la adolescencia siendo hombre o mujer. Ni es mejor ni peor ser mujer u hombre adolescente, pero debido a la naturaleza de los cambios somáticos los de la mujer entrañan a nivel psicológico y social unas implicaciones diferentes a las de los hombres, por cuanto que ser varón o hembra en nuestra sociedad conlleva roles diferenciados para uno y otro sexo.

> La anorexia es una ruptura con el mundo que rodea a la persona a la que somete a crítica a través de conductas como la anorexia.

Esto es precisamente lo que puede hacer de la anorexia una alteración fundamentalmente femenina, pues expresaría las consecuencias de seguir un esquema determinado de ser mujer en nuestro mundo social. Ésta es una interpretación de un determinado tipo de anorexia.

Pero la reacción de no comer puede ser también el símbolo de quien se opone a su propio destino. Muchas mujeres adolescentes se oponen al cambio del paso de ser niña a ser mujer. En niñas que están muy protegidas, que son únicas, etc., se vive con mayor oposición un cambio de estado.

Por eso podemos apreciar que los padres llegan a expresar el sentimiento de que no reconocen a su propia hija de cómo era y cómo es ahora respecto al carácter, las actitudes y el comportamiento.

En ese río de síntomas, una de las expresiones de oposición al destino puede llegar a ser *«no comer»*, ser anoréxica.

Se produce por parte de la persona una ruptura con el mundo que la rodea: hemos visto cómo la adolescente anoréxica muestra una cantidad enorme de actitudes y comportamientos que deberían ser interpretados como un estado grave de rebeldía y oposición hacia su familia y hacia sí misma. No comer puede ser la expresión de un desligamiento social por conflicto con la propia naturaleza; o puede ser todo lo contrario: un echarse en los brazos de lo cánones sociales.

La anorexia simboliza en la adolescencia sus aspectos más terribles de desequilibrio, rebeldía, oposición y ataque hacia sí mismo y hacia el entorno.

Es curioso que los adolescentes que se encuentran en clara oposición —manifiesta o latente— hacia el medio familiar desvíen su interés hacia el grupo social de iguales.

La referencia ideal ya no es el padre o la madre, ahora son los amigos, principalmente aquellos que pertenecen a un grupo íntimo.

A ellos se confían; en ellos encuentran los modelos de referencia, de tal modo que incluso se dejan presionar y guiar. Se oponen a los demás que no sean como ellos a los que al menos tienen en entredicho.

Ésta es una manera de solucionar coyunturalmente el conflicto que supone entrar en la adolescencia: asociarse con los iguales (la pandilla).

> La anorexia expresa un carácter terrible de desequilibrio personal y social cuando ésta se establece de un modo grave. Los adolescentes se guían por patrones de conducta compartida entre iguales; ¿por qué nos extrañamos de que un grupo de amigas lleguen a ser anoréxicas?

En esto encontramos un nuevo nivel de compresión de la anorexia. No es de extrañar que un grupo de amigas puedan conjuntamente llegar a ser anoréxicas. No hay una transmisión del trastorno por ninguna otra vía que la de compartir actitudes, pensamientos y comportamientos comunes, y precisamente la adolescencia es un período de la vida donde la dimensión social del grupo íntimo de amigos es, incluso, capaz de sustituir el valor de la familia como autoridad de normas y conductas.

> Los adolescentes suelen ser muy reiterativos y persistentes en sus actitudes y pensamientos.

Adoptar la postura del ayuno puede ser un modo de comportarse del grupo consciente o inconscientemente concertado. Ya vimos el caso comentado en la prensa de un equipo femenino de deporte en el cual todas eran anoréxicas, o de los casos que se presentan en las aulas de los colegios entre compañeras de clase. La anorexia podría ser la expresión de una actitud común.

Pero lo más corriente es encontrarse con esta alteración de modo individual. La adolescente, en este caso, se encuentra quizá desubicada de su propio medio familiar, y socialmente puede también no hallarse integrada emocionalmente con grupos de iguales, por lo que la anorexia refleja una actitud de rebeldía generalizada o, por el contrario, es una expresión por la cual se intenta sublimar —superar— el propio aislamiento, el problema personal, a base de fantasear que con su dieta llegará a lograr un estado de cosas utópicas y nuevas.

Como ya hemos visto muchas veces, las condiciones personales y las vivencias pasadas en la niñez determinan en gran medida que se pueda llegar a la anorexia como expresión de lo que uno vive y es.

La adolescencia femenina es un campo de cultivo ideal para que prospere la anorexia. La naturaleza del tesón y la oposición propia de la edad pueden hacer que este trastorno se instaure como un intenso intento de imponer la propia voluntad frente a cualquier otra cosa. La persistencia y testarudez que puede presentar la adolescente anoréxica remite precisamente a esa condición de ser adolescente.

Integración a un mundo de mayores

La razón de que muchas adolescentes arriben en la anorexia puede estar causada simplemente por una de sus características más importantes: el intento, no ya de negarse a ser adulto, sino todo lo contrario, poner todo su empeño en entrar en el mundo de los mayores. Para una adolescente queda pues el modelo de referencia social de ser mujer mayor a través del ideal de mujer que la sociedad vende.

> Va en aumento la anorexia de los adolescentes varones, porque los modelos exigen nuevos cánones.

«Al final de la niñez el niño había completado prácticamente la maduración de todas las facetas de su personalidad —escribe Carmelo Monedero—. La inteligencia había ya alcanzado su culminación en forma de inteligencia abstracta u operativa. Durante la adolescencia la inteligencia termina de perfeccionarse formalmente, al

mismo tiempo que adquiere una fuerza y una orientación que no había tenido hasta el momento. La acción de la inteligencia se dirige al mundo de los mayores, en el que los jóvenes tratan de integrarse.»

Uno podría preguntarse por qué la anorexia comienza a ser un problema que aumenta entre los adolescentes varones. Basta echar un vistazo a nuestro alrededor para ver el modelo de hombre ideal que la sociedad vende, para observar que también la estética de la delgadez hace mella en ellos.

El adolescente tiende al mundo de los mayores, pero de una manera idealizada, lo cual concurre con el modo de proceder de los medios de comunicación y de la publicidad.

El adolescente tiende a ver el mundo de modo ideal, por eso sus pretensiones están también idealizadas. Para conseguir su objetivo de integrarse en el mundo idealizado de los mayores los métodos son también idealizados.

Una adolescente no come quizá teniendo como trasfondo ir a la moda, para poder agradar a los demás siendo el ideal de mujer, alcanzar la popularidad y el éxito social.

El adolescente desea ser el protagonista principal de su propia historia, y así se le ve arrogante y seguro de sí mismo, con mucha persistencia y voluntad de logro en los objetivos que se propone, y muy resistente ante el intento de llevarlos hacia

> La anorexia puede perseguir a través de su conducta un ideal confundido.

planos que no sean los percibidos como ideales. Esto es lo que sucede con la actitud del anoréxico al tener como un medio ideal del logro de sus objetivos la conducta de la abstinencia.

El adolescente vive la utopía desde una postura idealista. Su vida toma rumbo por el idealismo y por las causas difíciles e imposibles. Tiene un cierto sentido de la omnipotencia. Pero éstas no son malas cualidades, sino todo lo contrario, es una forma de acercarse al mundo con vigor y energía.

> La adolescencia exige respuestas, cambios, tomas de iniciativa, y a veces la respuesta que se da es inadecuada.

En la anorexia esas cualidades se trastocan por la persistencia de un ideal confundido; lo mismo que sucede cuando el adolescente toma otros rumbos inadecuados (ideologías nazis, violencia, drogas...).

La anorexia es una actitud de persistencia, de resistencia personal, y ello puede producir la satisfacción del refuerzo (al menos en algunos casos de anorexia).

El cuerpo a veces manda

En la adolescencia cambia el cuerpo:

- Hormonas.
- Crecimiento.
- Caracteres sexuales primarios.
- Caracteres sexuales secundarios.

Según Carmelo Monedero, estos factores son los que determinan en los adolescentes la crisis psicológica para algunos autores:

«*Pero resulta indudable que el paralelismo somatopsíquico no llega a ser nunca tan riguroso que una modificación somática siga un cambio definido.*» Sin embargo influye: «*Las modificaciones somáticas siempre repercuten en un psiquismo que tiene una historia* —escribe este autor— *y que "reacciona" según las incidencias de su vida interior.*»

Por eso no podemos negar que una de las repercusiones en el psiquismo, como respuesta somática al cambio de las adolescentes, sea expresamente mostrando actitudes y comportamientos como es el de no comer con el riesgo de llegar a la anorexia.

La adolescencia es un período de «*crisis*» y como en toda situación de crisis se exigen respuestas, cambios, iniciativas; algunas de ellas son inadecuadas en el adolescente.

En la adolescencia se da un cambio madurativo significativo en lo corporal y es el cerebro el que pone en marcha ese proceso a través de una multitud ingente de reacciones hormonales. Las hormonas influyen en las reacciones de carácter físico y químico, configuran el cuerpo y su fisiología y los sexos se ven diferenciados por sus acciones. Las hormonas no afectan al psiquismo humano directamente, pero sí lo condicionan por los cambios somáticos que produce. Los cambios hormonales en los adolescentes alteran la personalidad en cuanto que implican la nueva situación corporal que dichas hormonas producen.

> El cambio hormonal altera al cuerpo y al mismo tiempo ese efecto influye en la mente.

«... son precisamente los cambios hormonales los que provocan todas las transformaciones somáticas de la pubertad y —escribe C. Monedero—, *desde el punto de vista psicológico, dan lugar a una revolución instintivo-afectiva, que será la que determine secundariamente los caracteres de la adolescencia.»*

Los metamorfosis que viven los adolescentes en su cuerpo afecta a los caracteres sexuales denominados primarios y secundarios.

Los primarios hacen referencia a los órganos sexuales que llegan hasta el fenómeno de la ovulación y la espermatogénesis (el ovario y los testículos toman forma adulta), mientras que los secundarios afectan a la anatomía relacionada con el sexo (vello en las axilas y el pubis, el cambio de la piel, la voz...).

El cuerpo crece y cambia sus dimensiones y sus formas; el adolescente tiene que volver a integrar los esquemas del movimiento, su ritmo. En todo hay modificaciones (ojos, cara, manos, piernas...). Todo ello debe ser asumido necesariamente por una psique que se basa aún en una estructura mental de niño por lo que las reacciones del adolescentes pueden ser muchas y muy variadas.

> La comida puede ser utilizada como un vehículo de expresión que intente disipar la angustia y la depresión.

Utilizar la comida como un vehículo de expresión, tanto para dispersar la angustia que puedan producir dichos cambios, como para la negación a aceptarlo son manifestaciones posibles de la personalidad.

El fenómeno de la anorexia se produce con más facilidad en estas edades.

La adolescencia supone que el individuo debe reestructurar toda su experiencia sobre sí mismo y sobre el mundo. Debe asumir los cambios que en él se producen desde un nuevo orden mental, ha de ir renunciando a la niñez pero sin que sus características de identidad personal desaparezcan. Este proceso puede ser negado por una personalidad adolescente en conflicto en la que pueden surgir problemas como el de la anorexia, junto a otros factores quizá de origen familiar o social.

> La anorexia responde al deseo de buscar una nueva identidad.

La angustia puede hacer su aparición en este escenario, y según se maneje se podrá equilibrar la personalidad.

Durante esta fase se produce cierto número de patologías relativamente frecuentes; no solamente la anorexia puede situarse como reacción hacia esas turbulencias de la personalidad, sino otras muchas alteraciones de índole psicológico y social.

La metamorfosis del cuerpo lleva a la metamorfosis del alma, y el adolescente tiene que nadar en muchas aguas para buscar su propio equilibrio e identidad. El adolescente es un extraño para sí mismo en estas circunstancias.

«La disarmonía pubescente se manifiesta a nivel psicológico en un sentimiento de despersonalización o extrañeza de sí mismo. El sentimiento de extrañeza se acentúa aún más si tenemos en cuenta que este cuerpo "siente" de una forma diversa. La referencia al mundo del adolescente ha cambiado por completo; su yo encarnado en el cuerpo, que era su continua referencia al

mundo exterior, se encuentra cambiado. Él mismo ha cambiado y no se reconoce...», escribe C. Monedero.

El estado revolucionario del cuerpo y la mente del adolescente le obligan a cambiar y ubicarse de una forma nueva en lo social. Le lleva hacia la búsqueda de su propia identidad y a la consiguiente integración en un orden social nuevo que le corresponde a su recién adquirida condición.

La anorexia precisamente puede producirse por querer hallar una nueva identidad no adecuada basada en los cánones y estereotipos sociales, modelos que le llevan a conductas alarmantes como la actitud de no comer, generada quizá en principio por una estela de inocentes dietas.

En busca de la identidad personal

Desde el punto de vista psicológico, la adolescencia es un período caracterizado por una reestructuración de la personalidad, donde la identificación es un proceso de uso frecuente en la elección de modelos sociales, y la fuerza del instinto toma una nueva dimensión que invade el interior de la persona con recientes sentimientos y emociones. Todo ello lleva a una reacción generalizada de la personalidad que tiene mucho que ver con el entorno social.

> La inexperiencia del adolescente es lo que muchas veces le lleva a situaciones extremas.

El adolescente se planta ante un mundo sobre el que no tiene experiencia y en el que debe integrarse. Así que su esfuerzo debe ir en la dirección de encontrar su identidad en un *mare mágnum* de propuestas de orden social.

Ha perdido su identidad como niño y, por tanto, estará en crisis hasta que encuentre su identidad como ser adulto. Ésa es la metamorfosis psicológica que debe realizar: buscar su lugar en el mundo de los seres adultos.

En ese proceso de búsqueda los adolescentes viven fenómenos negativos como el de la anorexia. Ésta se da porque las adolescentes no encuentran su propia identidad y, desde el error, pueden tener la ilusión de hallarla usando medios que llevan hacia la anorexia.

La adolescencia es una época plagada de peligros.

La anorexia es el resultado de un espejismo que afecta especialmente a las mujeres en su búsqueda de su identidad femenina. Ésta es una de las perspectivas que puede explicar parte del desencadenamiento de muchos casos de anorexia, como se viene comentando a lo largo de la obra.

«Nuestros jóvenes actuales sufrirían una crisis de identidad —escribe Monedero—, *que sería la que les dificultaría sus procesos de adaptación. El adolescente lucha por identificarse, en contra de la difusión de su propio papel. Incluso el mismo amor no sería otra cosa que un problema de identificación.»*

La adolescencia es un período de crisis y por ello resulta especialmente sensible a todo tipo de peligros, de virtudes y de excesos. Nuestra sociedad no prepara suficientemente ese cambio de transición de la niñez a la vida adulta, de tal modo que éste representa en la adolescencia un duro choque que conlleva hacia una crisis para algunos insalvable.

Cuando la adolescente deja de comer para manifestar su negativa a crecer estamos frente a la rotundidad más grave de esa crisis.

La personalidad inmadura del adolescente

«El brusco cambio somático —escribe C. Monedero—, *unido al brusco cambio de situación vital, haría de la adolescencia una etapa de verdadera crisis... El niño que cambia de cuerpo tiene que cambiar también de grupo social. Esta situación de tránsito podría ser análoga a la de la persona que va a iniciar un largo viaje. Lo propio de la forma de vida de ese período sería la actitud de inmadurez del adolescente.»*

La anorexia se da en muchas adolescentes precisamente como una situación de extrema inmadurez ante la vida. Como un posicionamiento inmaduro ante todo lo que les rodea, pueden incluir su mundo de sentimientos y afectos así como la aspiración de sus logros.

> La conducta anoréxica está relacionada con planos de inmadurez de la personalidad.

El adolescente ensaya para ver y experimentar cómo ocupar su lugar en el mundo. Su inexperiencia se torna inmadurez en sus conductas y reacciones, incluso puede adoptar algunas que vayan incluso más allá de su salud.

Por tanto, la anorexia en cualquiera de sus vertientes, da igual qué causas la produzcan, es un mecanismo de inmadurez de la personalidad. La inmadurez, eso sí, puede acentuarse por causas sociales y culturales. Los adolescentes son hijos de unas normas, unas costumbres, una vida de relación, una educación, un modo de entender las emociones y los sentimientos.

> Vivimos en un mundo donde la angustia es normal, y se buscan fórmulas para disipar esa tensión.

Los adolescentes se oponen muchas veces al mundo reaccionando o aceptando en exceso aquello que la sociedad le brinda. La inmadurez es un acercamiento inocente al mundo, un acercamiento inexperto, pero a la vez peligroso.

Con su actitud una joven es capaz de convertirse en anoréxica y llegar incluso hasta la muerte. Eso es lo que hipnotiza a la sociedad sobre este fenómeno que nos parece tan extraordinario.

La ansiedad en la adolescencia

El temor ante lo desconocido puede producir ansiedad. Esa ansiedad está presente dentro de la personalidad adolescente, por su obvia condición personal y social de incertidumbre.

El ser humano no puede vivir en una situación de tensión permanente y busca la distensión, la forma de disipar su angustia. Los mecanismos que llevan a solucionar estas cuestiones son muchos.

Comer en exceso o no comer pueden paliar también esa ansiedad. Es una solución mágica ante la propia existencia con el peligro que ello comporta para la salud. El mecanismo del autocontrol se rompe.

Imaginemos a dos adolescentes enamorados; es popular la falta de apetito que aparece en esas situaciones de enamoramiento primario. La comida y sus mecanismos de funcionamiento están muy ligados a estados anímicos; de tal modo que, a través de ellos, se autocompensa la persona de sus propias deficiencias.

> Vivimos en una sociedad estresada y precisamente eso ayuda a que los casos de anorexia se den con más abundancia.

La anorexia puede llegar a producirse a través de un proceso de ansiedad motivado por el mundo interior de la persona y la expectativa que posee sobre la realidad externa; así como de la presión que recibe del exterior.

Estamos rodeados por la ansiedad; cada cual en un grado diferente vive su propia ansiedad y esto conlleva a creer que nuestra sociedad está estresada y angustiada.

No hace mucho tiempo tuve que dar unos cursos de formación en un ayuntamiento de la Comunidad de Madrid, a funcionarios; ellos podían elegir entre un amplia variedad de temas, y precisamente donde más personas hubo fue en uno que trataba el estrés.

La gente se quejaba de estar presionada por este mal, y es cierto que incluso los medios de comunicación se hacen eco muy frecuentemente sobre este asunto.

Si nuestra sociedad está angustiada, padece ansiedad y estrés: los adolescentes están sumergidos en la misma dinámica. Ellos, además, buscan activamente solución a este problema y pueden caer en multitud de trampas. Una de esas trampas es precisamente la anorexia.

Hay que pensar que si nuestra sociedad vive un trastorno como éste, la ansiedad que está implícita en los adolescentes se multiplica en ellos porque deben unirla a la problemática que presenta la propia adolescencia. Muchos de ellos se encuentran en un callejón sin salida.

«La ansiedad es probablemente la más común y universal de las emociones y está presente a lo largo de toda la vida del individuo. Cuando se emplean términos como nerviosismo, inquietud, inseguridad, angustia, tensión, miedo o temor, se está haciendo referencia a la experiencia de ansiedad», escribe Juan José Miguel Tobal.

Nada más claro en el adolescente frente a su «*crisis*» que la de poseer todas esas cualidades de la ansiedad, pero con la condición de que debe sumar también la ansiedad de una sociedad alienada, enloquecida.

No estamos definiendo ningún cuadro patológico de la ansiedad como una condición del adolescente, pero sí apuntamos el carácter especial que toca a este período de la vida en el terreno de la inseguridad. La tensión y el miedo que puede suscitar. La anorexia se instituye quizá como una puerta de escape para muchas jóvenes adolescentes, como un remedio a su estado permanente de ansiedad.

Las características adolescentes no constituyen ningún cuadro patológico, pero ayudan a desarrollar determinados trastornos.

Vivimos en un mundo amenazante, así al menos es percibido por gran parte de la sociedad. Estamos continuamente sumergidos en una maraña inquietante de pensamientos, de ideas y actitudes con respecto al trabajo, a la familia, a los amigos; nos inquietamos por nuestra seguridad, por lo que haremos o dejaremos de hacer.

Eso ocupa gran parte de nuestras energías vitales y nos deja exhaustos, para el arrastre, con un peso y una condición de ansiedad.

Esos valores son transmitidos a los hijos y los hijos los toman como parte de su identidad.

No deberíamos extrañarnos de que en la adolescencia femenina se hayan incrementado los trastornos como el de la anorexia. La mujer está mucho más presionada para jugar un determinado papel social, y si no lo logra fracasa, lo que enturbia su equilibrio emocional y puede llegar a ocupar el mundo de sus pensamientos e ideas; cuando esto sucede se realizan acciones imposibles para evitar el fracaso, y lo que eso puede acarrear es un trastorno como el que venimos analizando. La anorexia es un proceso, un río, que nace en alguna fuente.

> La mujer está mucho más presionada que el hombre para jugar un tipo determinado de papel.

Si observásemos que la persona anoréxica presentase al mismo tiempo un cuadro de ansiedad, ésta debería ser tratada para paliar el trastorno de la alimentación. Para J. J. M. Tobal aparecen algunos síntomas como:

«Preocupación; inseguridad; miedo o temor; aprensión; pensamientos negativos: inferioridad, incapacidad; anticipación de peligro o amenaza; dificultad para concentrarse; dificultad para tomar decisiones; sensación general de desorganización o pérdida del control sobre

el ambiente, acompañada con dificultad para pensar con claridad...»

Aunque la angustia es un trastorno del comportamiento que se relaciona con muchas formas de expresión según la personalidad de cada cual y su situación, en los trastornos de la alimentación (anorexia y bulimia) podemos además observar la ansiedad como un componente más que puede aparecer y que debe ser tratado.

Deberíamos pensar que la ansiedad del adolescente es transitoria y cuanto más identidad y ubicación adquiere en el mundo que le rodea más pasajera será esta manifestación, de tal modo que la personalidad correrá menos peligro de ser presa de la ansiedad y caer en trampas como la de la anorexia. En realidad es un problema de inmadurez. Cuanto más madura sea la persona en el control de su propia vida y de sus emociones menos peligro tendrá en caer en procesos como los que describimos. Todo será menos amenazante y estará más equilibrado.

> Igual que la anorexia, la ansiedad se da con más frecuencia en la mujer que en el hombre.

Es curioso el dato de que la ansiedad es un trastorno más relevante en la mujer que en los hombres *(«Los trastornos de la ansiedad los padecen más del doble de mujeres que de hombres»,* escribe J. J. M. Tobal), igual que sucede con la anorexia, sólo que ésta ronda el 90 por 100 de las mujeres siendo un trastorno propiamente adolescente.

Deberíamos, pues, no olvidar que la ansiedad puede estar presente en cierto tipo de procesos anoréxicos, y que de ser así debería ser tratada.

«*Hemos visto también que* —escribe N. Caparrós e I. Sanfelíu—, *en muchos casos, se movilizan intensas ansiedades básicas, así como conflictos depresivos*», para los que estos autores justificarían incluso la intervención de psicofármacos (antidepresivos IRS; IRSS, neurolépticos).

No caer en la anorexia es cuestión de educación

Habría que empezar desde las aulas de los colegios a enseñar que los modelos de referencia social son peligrosos para los niños y los adolescentes. Enseñarles a que deben ver todo lo que les rodea con cierta capacidad de análisis y de crítica. Se tienen que potenciar iniciativas en las que los grupos de adolescentes discriminen entre lo que les conviene y no les conviene de entre lo que la sociedad les ofrece.

> Se debería hacer prevención contra la anorexia desde la escuela y la familia.
> Es necesario potenciar la actitud crítica de los adolescentes.

Me contaban en un colegio madrileño el modo en que el departamento de orientación organizaba debates públicos contra la anorexia con los alumnos; eran ellos mismos los que traían revistas y material diverso editado por los medios de comunicación y observaban cómo se valoraban determinadas cosas en nuestra sociedad que eran peligrosas para caer en la anorexia. Es necesario potenciar en la familia y los colegios este tipo de actitudes abiertas y encaminadas a contrarrestar el fenómeno anoréxico que crece alarmantemente cada año dándose cada vez mayor número de casos. Las campañas de información dirigidas a los adolescentes sobre este asunto son fundamentales, ya que se viene observando una gran laguna de información al respecto.

CAPÍTULO IV

AYUDA A LA ANOREXIA

Cuadro clínico general de la anorexia

Siguiendo a Ajuariaguerra, las causas por las que una joven reduce la ingesta de comida son diversas:

A) Síndrome psicológico:

— Por propia voluntad:
  — Prescinde de lo que no le gusta.
  — Reduce la cantidad del consumo de alimentos.
— Pone en marcha un régimen adelgazante que justifica por:
  — Molestias digestivas.
  — Embotamiento.
— No le preocupa la comida y la familia responde:
  — Preocupándose por el tema.
  — Presionando para que coma.
  — Hacerla comer se torna el problema más importante.
  — Cada vez se problematiza más el ambiente y el clima familiar.

- Hace como que se doblega ante la presión familiar.
- Disimula ante la familia con cálculo:
  - Arroja la comida.
  - Falsea su peso.
  - Vomita.
  - Come a escondidas.
  - Toma purgantes.
- Los compromisos con la familia son engañosos, ambiguos.
- Lo que es un problema personal se ha convertido en un problema del grupo familiar.
- Lo que era una simple cuestión de dieta se transforma en una autodestrucción que aterra.
- No dará ninguna importancia a su anorexia:
  - Negará que existe (no admitirá los hechos).
  - Minimizará su importancia.
  - Argumentará que está bien (no disminuye su actividad sino que incluso aumenta).
- Su conducta es anómala:
  - Está incómoda.
  - Está a la defensiva.
  - Está encerrada en sí misma.
  - Sus relaciones sociales se alteran.
  - Su nivel de erotismo no es el mismo.
  - El horario de comidas es irregular.
  - Elige extrañas comidas.
  - La privación de comida se alterna con una bulimia.
- Lo que era negarse a comer se transforma en una anorexia:
  - Desborda el ambiente familiar.

— Se inicia un proceso de autodestruccion (a veces es un suicidio a cámara lenta).
— Se hace intransigente.
— Se vuelve hostil.
— Se produce un desenlace fatal: el cuerpo se ve afectado rápidamente (delgadez).
— En estado avanzado de anorexia se produce la hospitalización.
— Aparece labilidad emocional tras períodos de hiperactividad.
— Apatía y tristeza.

B) Síndrome somático (corporal):

— Notable adelgazamiento de todo el cuerpo.
— Cara pálida y hundimiento de los ojos en ella, con arrugas.
— Pechos enflaquecidos.
— Amenorrea.
— Trastornos de la piel.
— Los cabellos se parten.
— Las extremidades se enfrían.
— Cianosis muy visible, lividez.
— Alteraciones digestivas.
— Bradicardia.
— Hipertensión arterial.
— Desciende el metabolismo.
— Aumenta el colesterol de la sangre.
— Hipeglucemia.
— Sensibilidad a la insulina.
— Anemia.

— Insuficiencia ovárica con fontis vaginales atróficos.
— Otros.

Pero aun así, las causas de la aparición de la anorexia están más allá de este cuadro clínico.

Especialistas y familia

Es posible salir de la anorexia; no obstante, precisa de mucho tiempo de tratamiento, aunque esto va a depender de la intensidad del problema anoréxico.

En este libro tratamos de entender lo que supone ser anoréxico y, desde esa toma de conciencia, apoyar a las personas que están alrededor del afectado y, por supuesto, alentar desde esa perspectiva a cualquier adolescente que esté inmerso en este problema alimentario. Sin embargo, si el proceso está en pleno auge, hay que visitar a un cuadro de especialistas en psicología, psiquiatría y nutrición, junto con la colaboración directa de la familia.

La familia debe ser orientada e introducida como un elemento muy importante del proceso. Se corre mucho peligro de que los familiares tomen por sí mismos iniciativas terapéuticas, ya que éstas pueden ser causa interviniente directa del problema de la anorexia, pues el anoréxico presenta muchas veces un cuadro de reacciones negativas hacia el medio familiar, y es precisamente la anorexia un producto de ese conflicto que puede ser histórico.

¿Es la anorexia un síntoma individual de una patología familiar? Puede serlo. En ese caso todos deben ponerse bajo la supervisión de especialistas y tomar en consideración la terapia familiar.

La idea es que si cesan las causas que provocan los síntomas anoréxicos también cederá poco a poco el trastorno alimentario. Es decir, que en este caso es la familia al completo la que debe actuar como paciente y dejarse orientar.

> La familia suele estar implicada directa o indirectamente en las causas de la aparición de la anorexia.

La familia es un lugar propicio para que surjan la mayoría de los conflictos psicológicos; al menos, está en el inicio de muchos procesos psicopatológicos.

Un niño que crece sobreprotegido y sobrevalorado puede tener problemas de falta de autonomía, lo que le aboca a una merma de autoestima y de responsabilidad propia, que a la vez genera otros problemas; y todo eso, en un momento determinado, puede conducir a un posicionamiento sencillo: «*Me niego a comer.*»

Es posible que en la vida de ciertas personas se produzca este tipo de encadenamiento de sucesos. Lo que está claro es que la anorexia puede surgir como una respuesta psicológica a una personalidad problemática gestada en la familia.

La terapia familiar trataría de solucionar el conflicto del ambiente del entorno de la persona anoréxica. Igual que hemos hablado del tema de la sobreprotección podríamos hablar de la rigidez autoritaria, o de la permisividad familiar total (faltas de normas), para que se produzcan problemas de la personalidad dirigidos al tema que tratamos o hacia cualquier otro cuadro clínico no anoréxico.

Tomar conciencia de lo que me pasa

Si el anoréxico no reconoce que lo es, imposible será ayudarle. Así que el primer paso es contactar con su mundo particular. Tratar de ver cuál es su realidad mental y social.

> El primer paso que hay que dar para solucionar la anorexia es tomar conciencia de que se tiene un problema.

La anorexia no es un trastorno cuya estadística se dirija, en cuanto al nivel de incidencia, a una determinada clase social. Sin embargo, es también un trastorno muy numeroso entre gente bien acomoda como el caso de la princesa Victoria de Suecia, (que ahora va por buen camino), lo cual indica que siempre debemos tener esperanza en la cura.

«Me siento muy bien —declara la princesa a la prensa—, *pero todos pasamos por un período malo.»*

Ésa es la cuestión: los conflictos psicológicos y sociales generan trastornos alimentarios como los que describimos. A los veinte años es fácil que estas cosas puedan suceder; quiero decir que es muy frecuente —lo cual resulta lamentable— ver a jóvenes sumergidos en conflictos de ese orden, aunque, claro, no se manifiesten en todos de igual forma sino de otra manera diferente a la anorexia.

En un periódico leí una noticia de sociedad cuyo titular decía: *«Una actriz italiana muere en plena calle víctima de la anorexia».* Con 25 años y un peso de 27 kilos —describe el artículo— parece que no reconoció ser anoréxica.

Éste es el problema más grave que le puede acontecer a una persona sumergida en un proceso anoréxico: no tener conciencia real de lo que está viviendo; tener una distorsión de su imagen corporal (es decir percibir la alteración del propio cuerpo como todo lo contrario):

«*Estoy en los huesos, pero se me ve gorda*», o simplemente negarse a aceptar la evidencia dando mil razones que la justifiquen. Éste es el primer paso en un proceso anoréxico que llevará a la persona a empeorar, y esto es muy frecuente, principalmente al principio del proceso.

La distorsión de la imagen corporal puede ser localizada en una parte del cuerpo («*¡Qué feo y gordo es mi culo!*», exclama una chica delante de un espejo). Pero ese motivo, reforzado en la mente un millón de veces, es suficiente para que inicie una dieta, tome manía a las comidas, se niegue a satisfacer el apetito y el hambre comenzando también la lucha con los familiares que ven en todo ello un gravísimo problema de salud.

> La anorexia es una de las muchas manifestaciones de trastornos que aparecen en la adolescencia.

«*¡A mí no me pasa nada!*», dirá luego frecuentemente, aunque esté más delgada que un palillo y cada vez que se asome al espejo se vea el culo gordo.

Así que el tratamiento debe constituir un proceso previo a la solución del problema anoréxico: hay que llegar a una toma de conciencia de la realidad por parte de la persona anoréxica: «*Acepto que estoy en un proceso anoréxico —o tengo un problema— y voy a salir de ello*», debe concluir después de un tiempo de trabajo terapéutico el paciente.

Cualquier otra fórmula resultará ineficaz.

Así que el tratamiento hay que comenzarlo con un proceso de acercamiento de tipo comunicacional. Hay que conocer la vida de la persona, saber cómo es su personalidad consciente e inconsciente; detectar sus rasgos, y a partir de una evaluación, obtener un conocimiento, iniciar un proceso de ayuda que logre reparar la imagen corporal distorsionada que pueda tener de sí misma; o el mecanismo de negación que acompaña a su actitud que reza: «A mí no me pasa nada.»

> Hay que ser valientes y aceptar las cosas, luego hay que lograr ayuda y salir del problema.

Chiara Gentili, la joven actriz italiana anoréxica que perdió su vida —según la prensa—, cayó muerta al borde de unos andamios de una obra a las afueras de la ciudad de Bolonia:

«*Tenía 25 años y toda una vida por delante* —escribe Marta Lobato—, *pero Chiara Gentili eligió el camino de la autodestrucción.*»

Parece que su afición al teatro era grande y que su ideal era convertirse en una gran actriz.

«*La muerte* —dice la periodista—, *que desde hacía tiempo se había fijado en ella, sorprendió a Chiara sola, lejos de sus familiares y amigos. La actriz era una de las 700.000 chicas que padecen anorexia en Italia.*»

Parece que había estado en tratamiento hospitalario bajo el control de un neuropsiquiatra que decía que ella no reconocía ser anoréxica. Es difícil el tratamiento mientras pueda persistir el mecanismo psicológico de la negación *(«A mí no me pasa nada»).*

Chiara debió seguir soñando en ser una gran actriz mientras su cuerpo estaba ya herido de muerte. Tener voluntad para no comer y conseguir un objetivo de vida puede traducirse tristemente en un suceso como éste.

«Más allá estaban los padres de Chiara en una búsqueda frenética; pero ella yacía entre los andamios de una obra», nos cuenta Marta Lobato.

«Entre las jóvenes que padecen este mal que las convierte en esqueleto —escribe la periodista—, *es algo normal negar la enfermedad, aunque sea del todo evidente.»*

El mecanismo de la negación ha sido muy estudiado desde el punto de vista psicológico. Su descubridor, Freud, lo definía como un mecanismo de defensa de la personalidad frente a la ansiedad y la angustia que producen los acontecimientos de la vida.

> La anorexia entraña un peligro de muerte real para un porcentaje de las víctimas.

Es fácil ver cómo obra este mecanismo en multitud de patologías y trastornos psicológico; pero lo que es más importante aún de todo es que cualquier persona lo usa en su vida cotidiana.

¿No negamos la evidencia dolorosa, o molesta, o problemática, o la dificultad, o la realidad, en algún grado sobre lo que nos acontece?

«Chiara había empezado a dejarse morir hace cuatro años —nos cuenta la periodista—. *Sin un porqué aparente... Nacida en el seno de una familia acomodada, Chiara se había ido a vivir hacía unos meses con unos amigos. "La anorexia la había empezado a atormentar hace unos años", dice su madre con un hilo de voz. "El especialista nos aconsejó que la dejáramos que se alejara de la familia, esperando que surgiera en ella una asunción de responsabilidad que le habría ayudado."»*

La primera barrera que pone un anoréxico, en muchos casos, es que no permite que se le ayude, es precisamente el mecanismo psicológico de la negación, y el refuerzo que tienen de la evidencia quizá de una imagen corporal distorsionada. El tratamiento debe pasar por una fase de ayuda a la familia realizada a través de un especialista que guíe además su colaboración con el paciente.

El mecanismo de negación con vistas a ocultar algo de manera consciente es muy empleado por los seres humanos.

Lograr romper el mecanismo de defensa de la negación, y trabajar por un cambio de pensamiento y de actitud hacia la percepción de la propia imagen corporal si está distorsionada, así como hacer una revisión de los valores de la personalidad, entre ellos el de la autoestima y los planos de la socialización, es fundamental. Pero claro, todo y mucho más debe ser considerado dentro de un proceso que se calcula en tiempo.

La colaboración de la familia

La familia juega en todo esto un papel esencial. En primer lugar, si alguien no ve que tiene un problema difícilmente va a iniciar por sí mismo un proceso de solución. Así que la primera fase de ayuda a la persona anoréxica corre por parte de los familiares y amigos que piden socorro porque algo no marcha bien para uno de sus miembros.

Lo que le resulta más difícil aceptar al grupo familiar es que ellos no sólo son los acompañantes de la persona que tiene el problema, sino que quizá son parte misma del problema que deben asumir. Esto implica a nivel de ayuda, en algunas ocasiones, una barrera insalvable.

> Aceptar que se tiene un problema y empezar a cambiar los pensamientos son los primeros pasos de ayuda a curación de la anorexia.

Todos sabemos lo laborioso y dificultoso que puede ser en la familia trabajar los conflictos entre los miembros de la misma, principalmente cuando se asienta la rebeldía, la negación, la lucha entre intereses emotivos diversos.

La familia es el núcleo fundamental de la comunicación afectiva. Hay que ser comprensivos y acercarse a esa persona, no desde mi punto de vista sino desde el suyo, y a partir de ahí trabajar el cambio de actitud, la necesidad de visitar a un especialista que la ayude.

Reconocer lo mal que lo pueda estar pasando al sentirse gorda, o desgraciada, o de tener una estima baja, o de ver que su culo es obeso y produce mofa en los demás, o cualquier otro tema en el que debamos ser comprensivos.

Una vez que estemos en sintonía con el interior de nuestro familiar, y se halla sembrado la semilla de una cierta armonía (no importa que tengamos que ceder en lo que sea al respecto de opiniones, sentimientos o de ideas), lo esencial es el objetivo de conseguir la comunicación que nos permita iniciar el proceso de CAMBIO DE PENSAMIENTOS Y DE ACTITUD.

> Para ayudar a otra persona, lo mejor es ponerse en su lugar y desde ahí comenzar.

Realmente, lo que aquí proponemos no es que la familia cambie sino que todos cambiemos. La familia debería quizá entrar de lleno en el proceso de tratamiento, de tal modo que la persona anoréxica y su familia sigan una dinámica sucesiva de acoplamiento, principalmente si es la relación con la familia la causa del trastorno.

Condiciones de la familia que propician la anorexia

No todas la familias tienen miembros que presenten anorexia; muchas de ellas sí padecen este fenómeno con mayor virulencia en una época que en otras. Uno debería preguntarse por qué unas sí y otras no. Es decir, si existen condiciones ambientales o hereditarias que predisponen a que surja el problema de la anorexia. O si, por el contrario, es un fenómeno aleatorio.

Se ha podido observar que determinadas condiciones en el ambiente familiar pueden predisponer hacia el trastorno anoréxico. Es decir, que el modo de ser padres y los valores que la familia maneja, así como las circunstancias que la rodean y su propia dinámica de vida, son factores que parecen actuar favoreciendo la anorexía.

El hecho de que la familia pueda hacer de la persona anoréxica —en su historia personal— el eje central de la máxima atención, y creyendo esta persona ser el centro de atención afectiva de todo el mundo que la rodea, al llegar a la adolescencia, que le exige un cambio de referencia, y el tener que atraer la atención más allá de su mundo familiar, hacen de ella una persona desgraciada que puede abocarse a la anorexia.

La hiperprotección y la dedicación obsesiva y total de la familia hacia alguno de sus miembros no le beneficia y puede conducir a la persona hacia cualquier trastorno como el que estamos tratando. Darse cuenta de que el mundo no gira alrededor de las personas más íntimas puede costar un gran trauma a quien se creía el centro del sistema.

> Hay muchos factores en el clima de la familia que pueden promover trastornos como el de la anorexia.
> La hiperprotección de los hijos puede producir problemas, uno de ellos es el trastorno anoréxico.

Si en la familia se dan las condiciones para que este tipo de cosas se produzcan se corre el peligro de que los hijos tengan trastornos —el alimentario es uno de ellos—. Éste se produce como mecanismo compensatorio frente a las carencias sociales de falta de atención que ahora sufre en un grupo más amplio.

«Ahora se trata de destacar en su grupo de amigas, de agradar a los chicos..., y siempre hay alguna más

simpática, más guapa o que goza de una mayor aceptación», escribe J. M. Nieves.

La familia, pues, tiene un grado de responsabilidad en la manera de transmitir actitudes y valores haciendo depender al otro de la familia de una manera razonable.

H. Bruch citado por Ajuariaguerra dice que también favorecen este tipo de situaciones: *«las madres que son muy concienzudas en la realización del "maternaje"»*.

El endurecimiento excesivo de las normas y la exigencia exagerada hacia la hija, con la perspectiva siempre del éxito, son condiciones que pueden abocar hacia la anorexia.

Esto último es relativamente frecuente de observar en las familias bien acomodadas. Se dice que un gran número de casos de anoréxicas pertenece a ese ámbito. Ya comentamos el caso más famoso de la princesa Victoria de Suecia.

En estos ambientes suele fallar a la hora de transmitir a los hijos la idea de una verdadera personalidad eficaz, y en su confusión trasladan a los hijos muchos elementos que luego son objetos inequívocos que conducen al fracaso social, y por ende al fracaso personal, que a la vez puede llevar a trastornos, siendo uno de ellos el de la anorexia.

Se imposibilita el sentido de la propia identidad personal, cuyos límites quedan difuminados con el ambiente de la familia. Incluso dicen los experto que esa difuminación se produce sobre el propio sentido de la identidad corporal en su funcionamiento, lo cual favorece el trastorno anoréxico, y es lógico que aparezca en la adolescencia y en relación a las mujeres.

Lo que lleva hacia este trastorno muchas veces se gesta en la familia. La condición, la dinámica de la familia, influyen en los trastornos de la alimentación. Por tanto, resulta esencial lograr reestructurar ese ambiente donde se mueve el adolescente.

«El rechazo de la alimentación adquiere para los padres un cariz de gravedad y de catástrofe frente al cual —escribe Ajuariaguerra—, *agredidos, heridos y muy inquietos, se reorganizan cada uno en la célula familiar. Se instaura en la familia un* modus vivendi *hecho de exigencias recíprocas de la niña y de los padres, encontrándose todos ellos cogidos en ese juego manipulativo, sin que sea fácil dilucidar con precisión cómo ha de empezar y quién lo ha inducido, los padres o la niña.»*

Esta difuminación en el ambiente familiar, desde que la adolescente es niña, prepara las vías hacia una condición propicia para que se produzca la anorexia durante la adolescencia. Y esto no deja de ser un conflicto ambiental de la familia ya cosificado: ¿por qué habríamos de extrañarnos de que más tarde aparezca este trastorno de la alimentación?

Todas las cosas van como las aguas desembocan en el río y de éste al mar. Si durante la niñez la persona anoréxica siguió todo lo que le indicaban sus padres

> Es la proyección del entorno lo que hace que la personalidad quede afectada por trastornos que cuesta salvar.

para hacerles portadores de éxito, en la adolescencia *«rebelde»* todo se transforma en lo contrario, en sensación de impotencia.

Continúa escribiendo Ajuariaguerra: «*La niña que hasta entonces evoluciona bastante bien, obediente, demasiado obediente, teniendo con sus congéneres unos contactos fugaces y superficiales, a veces algo mimada, casi siempre admirada, se convierte en una agresora..., pasando de ser la prueba de éxito a ser la prueba de la impotencia de los padres...*».

Una de las formas en que estas circunstancias toman cuerpo de trastorno es la de la anorexia, pero no es la única manera de responder.

En el ambiente familiar se cuecen muchas de las habas que luego dan pie al trastorno, al menos en muchos de los casos de anorexia. La anorexia en sí misma se torna un síntoma de la problemática familiar, lo que indica que existe un problema latente en la familia siendo precisamente que uno de sus miembros sea anoréxico.

> Probablemente, la persona que llega a la anorexia lo hace a través de un proceso condicionado, y no como algo que surja de manera casual. Muchos de los trastornos adolescentes e incluso adultos ya se gestaron en la familia.

Si el terapeuta trata sólo a ese miembro de la familia, de alguna manera trata el síntoma pero no aborda el verdadero problema. Esto significaría que la solución del problema nunca sería posible.

Otra cosa es cuando todos los miembros de la familia abordan el tema desde la aceptación del grado de implicación de cada cual. En ello se va a la compresión del estilo de ser padres y ser hijos; a intentar comprender cómo la dinámica familiar posibilita muchos de los trastornos que aparecen en sus miembros.

Comenzar a entender esta situación conduce a la solución del problema.

Lo que está claro es que si la familia niega que es parte del problema, y sólo remite a las causas intrínsecas de la persona que padece anorexia, podemos estar en un callejón sin salida. Al no reconocer el problema no le da importancia, y está en la vía de cosificarlo. En ese caso sólo se agarrarán a la explicación externa del influjo individual y social

> En la familia aceptar cada cual la posibilidad de estar implicado en el trastorno es un paso positivo hacia su solución.

(la personalidad, los amigos, las aspiraciones); pero nunca se verán implicados ellos en ese proceso. Esto es algo que hay que desterrar.

La familia no debe buscar la culpabilidad, pero eso no quiere decir que no admita su implicación; una implicación quizá inconsciente y bien intencionada. Hay que tomar decisiones y no dejar el tema latente durante un período largo como esperando que se solucione por sí mismo. Si se hace así, se niega el problema y en ese caso se corre el peligro de que la anorexia pueda producir un efecto letal.

La familia debe ser positiva; aceptar y a la vez abordar el problema con optimismo, sabiendo que existen muchas posibilidades de que durante un tiempo, más o menos largo, todo quede solucionado; para lograr eso hay que ponerse manos a la obra, y no ignorar el problema como hacen las aves cuando meten la cabeza debajo del ala para huir de alguna dificultad.

La colaboración con el especialista

Existen muchas formas de abordar los problemas psicológicos, como puede ser el que presentan los anoréxicos. Aquí vamos a exponer una opinión muy generalizada, pues el auténtico tratamiento viene, o es posible, cuando se obtiene una relación real con el paciente.

> Cada caso de anorexia es un mundo independiente que hay que saber valorar con vista a la ayuda.

De cualquier manera, nuestras consideraciones pueden ayudar en un sentido reflexivo. Para los especialistas no existe un panorama clínico ideal donde encuadrar la anorexia como una patología, por lo que esto agrega dificultad al tratamiento. Por otro lado, cada especialista es hijo de su propio modelo de intervención profesional.

Pero de cualquier modo vamos a reflexionar sobre cómo ayudar al anoréxico y a lo mejor eso le vale como pautas y consejos en la ayuda a estos enfermos.

Lo que siempre hará un profesional antes de comenzar ningún tratamiento consiste en evaluar o diagnosticar la situación de la persona anoréxica. Luego, debe proponer un plan de tratamiento que, desde nuestro punto de vista, debe incluir la intervención de la familia.

El modo de intervenir con el grupo familiar debe ser también variable, según las propias perspectivas del profesional que lo tramite. Puede ser conjuntamente al unísono, o en tiempos diferentes, o combinando ambos.

El objetivo más importante es armonizar las tendencias diversas de la familia, e intentar integrar y resolver los conflictos que puedan surgir entre sus diversos miembros. De cualquier modo, la forma de intervenir con la familia y el anoréxico mismo puede tomar muchas maneras.

«La primera referencia con éxito a la aplicación de una terapia familiar en el caso de una anorexia nerviosa fue la llevada a cabo por los psicólogos Minuchin y Selvini Palazzoli en 1970 —escribe Elena F. L. Ochoa—. *Ambos psicólogos señalaron que los trastornos de alimentación, y en concreto la anorexia nerviosa, no era un trastorno mental individual, sino que era un reflejo de una disfunción familiar, de la familia como sistema, en la que la anorexia cumplía un papel estabilizador. No es que la familia fuera la culpable del trastorno, sino que era toda ella el problema y precisamente era el trastorno alimentario una de las maneras posibles de manifestarse.»*

La familia debe aprender a armonizar sus diversas tendencias frente a la multiplicidad de actitudes e ideas.

Según esta autora, existen dos corrientes (o escuelas) que marcan un tratamiento positivo ante el tema de la anorexia encarado con el grupo familiar: la Escuela de Terapia Estructural de Filadelfia y la Escuela Cibernética Familiar de Milán.

La primera escuela sostiene «... *que la familia del anoréxico se caracteriza por desarrollar entre sus miem-*

bros unas relaciones interpersonales con una excesiva implicación emocional —escribe E. F. Ochoa—, *con actitudes confusas de sobreprotección constante, con una gran dificultad o ausencia de resolución de conflictos que surgen cotidianamente en la convivencia, implicando al hijo o a la hija con anorexia en problemas conyugales.»*

> Son las emociones y los afectos que surgen en la familia la base de muchos conflictos.

Según esta autora, vamos a describir las fases del tratamiento familiar que resumimos así:

a) Entrenamiento para definir los problemas y conflictos, y planificación de la resolución de los mismos mediante pautas con evaluación de los resultados.
b) Potenciar la comunicación entre sus componentes (acción e interrelación) para que cada miembro sea más autónomo e independiente y sepa expresar sus emociones.
c) Entrenar para mejorar el autoconcepto y la autoestima, y se ejerza así un control sobre el trastorno alimentario.

Esta escuela trata de entrenar al grupo familiar en las habilidades sociales.

Para la segunda escuela Elena F. L. Ochoa nos describe:

«El grupo familiar es un sistema que está regulado por sí mismo a través de un conjunto de normas que per-

petúan hasta el infinito su mal funcionamiento. Las familias en las que hay un miembro que presenta trastornos de alimentación, en concreto anorexia nerviosa, presentan una serie de características», que pasamos a resumir nosotros:

a) Los problemas conyugales expuestos delante de los hijos sin miramientos hacia su presencia (conflictos).
b) En padres excesivamente flexibles sin ninguna autoridad, contradictorios en sus pautas educativas ante los hijos.
c) Falta de respeto y de aceptación entre los diversos miembros de la familia.
d) Falta de comunicación y silencio ante los conflictos y problemas. Miembros muy independientes.
e) A veces alianzas por grupos separados de miembros familiares. Los problemas son manipulados, tapados o encubiertos.
f) Se buscan culpables de los problemas y conflictos.

Que el trastorno anoréxico es en la familia fuente de conflicto y de problemas entre los miembros del grupo es algo evidente cuando la persona anoréxica se las ingenia para falsear y hacer fraude a la familia ante la no aceptación y rechazo de su problema evidente. Todas estas causas sientan las bases de un fuerte conflicto familiar.

> Muchos son los factores que pueden estar incidiendo en la familia para que surjan problemas.

La anorexia mental, para Ajuariaguerra, es «*la consecuencia necesaria de la lucha con los padres*».

También comenta este autor los trabajos de Bourgeois en relación a la anorexia y algunos resultados obtenidos con el Test de Roschach, sobre lo que dice que:

«*... de la vivencia corporal de las anoréxicas se desprende que estas pacientes presentan unos límites corporales desvaídos, mal definidos, frágiles y deformes, lo que les hace especialmente vulnerables; el resultado de ello es que el límite entre el mundo interior y mundo exterior está mal definido*».

Puede existir, pues, una debilidad psicológica en las personas propensas a la anorexia. Pero eso es necesario diagnosticarlo mediante la observación directa. La familia y la anorexia están frecuentemente unidas entre las causas que la provocan.

Los servicios asistenciales sanitarios

Hay cada vez un mayor reclamo para asistencia sanitaria de las personas anoréxicas, y los recursos públicos parecen ser escasos para tanta demanda. Se realiza un gran esfuerzo en los centros hospitalarios, donde incluso se crean unidades especiales. Uno podría preguntarse sobre la necesidad real del uso hospitalario: en qué casos, cómo y por qué. Es lógico, tanta alarma

> Las propias condiciones personales y el ambiente familiar pueden favorecer el trastorno anoréxico.

social como está produciendo el tema de la anorexia hace tender, por parte de las familias afectadas, a pretender el servicio que creen más eficaz para su problema; sin embargo, la hospitalización es necesaria para casos muy determinados. Otros se pueden tratar fuera del hospital, principalmente cuando el proceso está en sus primeras fases y se comprueba médicamente que la persona afectada no está ante un peligro inminente de muerte.

> Depende en cada caso de la singularidad de la anorexia y su desarrollo para que el ingreso hospitalario se haga necesario.

Hay que conservar los nervios, y después de una exhaustiva inspección médica ponernos, no sólo la persona anoréxica sino el grupo familiar, en manos de especialistas para realizar un tratamiento de tipo psicosomático y social.

«Tanto en los casos de anorexia nerviosa como en los de bulimia nerviosa —escribe Elena F. L. Ochoa—, *la hospitalización es una alternativa que debe tenerse en cuenta si se cree necesario un control exhaustivo de la ingesta, del balance energético, del ejercicio físico, de las conductas purgativas, y se contempla la implantación de nuevos hábitos alimentarios»...*

Un tratamiento no se debe mirar sólo desde el ángulo de una sola posibilidad. Existen muchas maneras de poder abordar el problema. Es necesario adaptar el tratamiento a la persona y a la dimensión de su problema anoréxico específico. Y eso lo deben determinar los especialistas.

«Los expertos llevan tiempo dando la voz de alarma sobre el número creciente de casos de anorexia nerviosa y bulimia, llegando a hablar de una situación "cuasi epidémica" —se escribe en la revista «Jano», especializada en temas médicos—. A falta de cifras exactas de prevalencia —algunos estudios calculan que afecta al 3 ó 5 por 100 de la población joven—, se estima que la incidencia de la anorexia es de dos casos por cada 100.000 habitantes, y el doble el caso de la bulimia, que afecta primordialmente —más del 90 por 100— a chicas entre 12 y 23 años. Son tasas que triplican las existentes a principio de esta década.»

Se constata que el problema de los trastornos alimentarios es realmente muy importante y serio. En este artículo de la revista «Jano» podemos leer cómo el problema afecta a los propios recursos sanitarios públicos, de tal modo que resultan insuficientes para tanta demanda:

«Los recursos son insuficientes para cubrir la demanda —se escribe en "Jano"—, pero es un hecho en parte justificado: se trata de un problema relativamente nuevo que ha pillado por sorpresa a la organización sanitaria.» Para el doctor Vicente Turón, según esta revista:

Existe una estadística continua de incremento por año en el tema de los trastornos alimentarios, mayor incluso en la bulimia.

«Cada año que pasa la demanda de asistencia crece un 20 a un 25 por 100, y nuestras cinco camas para ingresos y las 16 plazas de hospital de día quedan muy cortas.» Parece ser que hay listas de espera en algunos hospitales con cinco meses. Pero existe una gran colaboración *de voluntarios sociales, y con gran profusión de generosidad y entrega por parte de la Asociación en Defensa de la Atención a la Anorexia Nerviosa (ADANER, Apartado de Correos 21080 / 28080, Madrid / Tel. 91 504 43 47), que es la «entidad más significativa de ámbito nacional».*

¿Y qué harán en el hospital con las anoréxicas? Se aplican tratamientos terapéuticos de tipo psicológico tratando que el anoréxico controle su mundo de pensamientos, ideas y emociones, además de su conducta en relación a su problema.

> ADANER es la asociación nacional más importante que trata los trastornos alimentarios Teléfono 91 504 43 47

A estos tratamientos se les denomina con el nombre de técnicas cognitivo-conductuales. La dimensión grupal de anoréxicos parece que es otro de los factores que se trabajan con énfasis dentro de esos tratamientos.

«En el hospital de día —escribe "*Jano*"—, *anoréxicas y bulímicas acuden a los llamados "almuerzos asistidos" en comedores terapéuticos para rehabituarse a comer, alimentación.»*

Tampoco en este tipo de asistencia parece que se olviden de la dimensión familiar, ya que además de informar sobre el curso de la misma se dan pautas para apoyar el proceso. Sin embargo, creemos que si la intervención terapéutica se dirige sólo a la persona anoréxica, sin tener muy presente que por encima del comportamiento anoréxico pueden existir causas sociales y familiares que la producen, quizá estemos sólo poniendo un parche.

Para el doctor Gonzalo Moradé, según «*Jano*»: «*El ingreso hospitalario está indicado "cuando la pérdida de peso pone en peligro la vida de la paciente, no puede controlarse ésta por tratamiento ambulatorio, o cuando hay riesgo de autólisis, de suicidio"... Según estudios a cinco años, el 60 por 100 de los afectados se cura o mejora sensiblemente, un 35 por 100 se cronifica —permanece estable o empeora— y el cinco por 100 muere por desnutrición.*»

> En la intervención terapéutica con la persona anoréxica deben estar implicados los familiares, y no contemplar el problema desde la barrera.

Es en los casos de riesgo de muerte donde la hospitalización se hace imprescindible.

«*En muchos casos* —escribe "*Jano*"— *el riesgo de muerte obliga a un abordaje de restitución física, de recuperación de peso y normalización de las constantes biológicas, antes de que la paciente sea accesible a terapias conductuales y cognitivas. Éstas irán acompañadas de fármacos...*»

Objetivos básicos para tratar el tema de la anorexia

a) Fase de contención:

— Una vez aceptado el tratamiento, el primer objetivo básico es llegar a recuperar el peso normal mediante el control médico y la intervención dietética.

— En segundo lugar, hay que establecer unos criterios de control para que el proceso alimenticio se realice con una frecuencia adecuada y normal.

Aunque lo prioritario sea recuperar al paciente en el orden corporal no debemos encarar de lleno el tema de la alimentación. La aceptación del tratamiento es un proceso de negociación y de intercambio. Una vez logrado este objetivo, podemos pasar a la fase de contención.

Empezar la terapia presionando como lo hace la familia podría resultar contraproducente; en este sentido hay que ser muy sensibles.

«Tras una sorpresa y desconfianza iniciales, la paciente —escribe N. Caparrós y colaboradores—, *que se siente escuchada y atendida en otras vertientes de su personalidad, suele colaborar de manera más decidida. Al mismo tiempo, de manera insensible, el conflicto alimentario va cobrando sentido en un contexto que antes había sido despreciado.»*

A no ser que sea vital afrontar el tema de «comer más», debe pasar al principio a un segundo plano.

b) *Fase terapéutica:*

— En tercer lugar, hay que empezar el tratamiento correspondiente a las causas psicológicas y sociales que hicieron posible la aparición de este trastorno.

Quizá los más urgentes de todos estos pasos sean los dos primeros, pero el más necesario es el tercero, pues de eso depende que el trastorno vuelva a remitir o no. Es decir, no se trata de que se realicen estos pasos tal como los enumeramos aquí sino que se puedan llevar a cabo de una forma progresiva, racional, que sean aceptados por el paciente para lograr su máxima colaboración. Y por supuesto, una vez puesto en marcha el tratamiento plenamente, se deben mantener dinámicos tanto los procedimientos de la fase «a» como los de la «b», y no tienen por qué establecerse en ese orden.

> El mejor modo de afrontar un problema es adaptándolo al paciente.
> Cada profesional suele enfocarlo según su formación, pero todos ellos deben tener presente la adaptación al paciente.

El cualquier situación, sea cual sea el nivel de anorexia que pueda padecer la persona, es fundamental que tanto el diagnóstico como el tratamiento tengan un control médico acompañado del psicológico.

En el control médico es necesaria una analítica del estado somático del paciente; en el psicológico hay que establecer una valoración de la personalidad y las circunstancias sociales que le rodean.

El tratamiento psicológico lo abordará el terapeuta según los criterios de su propia formación, y será dirigido a las características del adolescente.

N. Caparros e I. Sanfelíu, refiriéndose a la cura analítica, dicen:

«En toda cura prevalece lo asociativo, el libre fluir de proceso primario. Esto significa que el polícromo cuadro

sintomático de una anorexia debe ser descentrado cuanto antes. Los síntomas han de encontrarse en su lugar satélite, el que les corresponda. En este tipo de cura el material sexual y agresivo tarda en surgir. Las primeras pesquisas en este sentido topan con silencios, vacíos, intensas represiones y déficit...»

Para estos autores hay que tener en cuenta el sexo del terapeuta, ya que hay una función muy clara entre anorexia y maternidad, y en el inicio del proceso de ayuda puede beneficiar que sea una analista la que trabaje *«la alianza terapéutica inicial»*. Las sesiones que recomiendan son de tres a la semana.

Ya hemos comentado que pueden establecerse muchos tipos de tratamiento, los comentarios anteriores son los propios de un proceso analítico tradicional. Existen otros modelos de abordaje: comportamentales y cognitivos, por ejemplo.

Las personas que padecen anorexia deben finalmente intentar colaborar lo máximo posible con el terapeuta (o equipo). Hacer lo que se prescribe de un modo flexible pero con seguimiento de las normas que se establezcan. Las sesiones deben valer para tener un tiempo de aprendizaje y de reparación de la personalidad, así como trasladar luego la esencia de esas sesiones a la vida real y ordinaria. Para poder solucionar un problema como el que presenta la anorexia y todo lo que ello implica resulta necesaria la colaboración. Con una actitud positiva el proceso se acelerará en el tiempo, obteniéndose mejores resultados que si se produce mucha resistencia.

La familia debe estar fuertemente implicada en todo el proceso, y debe seguir también todas las indicaciones que les dé el terapeuta, además de estar informada sobre todas la características propias de la anorexia que sufre la adolescente. Cualquier desentendimiento del problema puede ser perjudicial y causa de una regresión de síntomas, además de que permite permanecer vigilantes ante los puntos de inflexión o de recaídas.

Colaboración no significa intromisión en la vida de la otra persona. Hay que mantenerse siempre cautos y respetuosos. Los miembros de la familia deben aprender en cualquier caso de tensión el valor de la convivencia. Hay que controlar el descontrol y los nervios, las salidas de tono y los malos modales. Se debe intentar establecer un orden nuevo de coherencia y armonía en la familia.

> Un clima de empatía entre los profesionales que están tratando el problema y la persona afectada resulta de vital importancia.

Habría que lograr no centrar la atención más allá de lo propiamente conveniente sobre el tema de la comida, dándole vuelta de manera obsesiva. Dice E. F. L. Ochoa al respecto de este tema:

«No negar, no tener miedo al enfrentamiento con el trastorno alimenticio. Sin embargo, se debe evitar hacer de la comida el monotema sobre el que gira la vida de la familia: de hecho, se debe evitar hablar del peso, de cantidades y tipo de comida en el que debe consistir la ingesta diaria e insistir en el desarrollo de determinados hábitos alimentarios que se creen positivos.»

Hay que mostrarse pacientes ante los resultados, es lógico que el tema de la normalización a todos los niveles (corporal, psicológico y social) sea un proceso más o menos lento, con posibilidades de retroceso. Pero no hay que desesperar y sí ser persistente en el empeño. Si se retrocede, hay que volver a animarse para continuar si cabe aún con más fuerza. La desconfianza debe dar paso al esfuerzo continuado y a la esperanza de una solución definitiva.

> El problema más grave que nos podemos encontrar con la anorexia es llegar a un punto donde el retorno resulte ya algo casi imposible.

Consecuencia última de la anorexia

Dice Ajuariaguerra, refiriéndose a las descripciones de estudios clásicos en relación a la fase terminal de la anorexia:

«... desde el punto de vista psíquico: apatía, inercia intelectual, indiferencia y, a veces, desesperación de la enferma que trata de reaccionar y que acusa a su entorno de haberla dejado debilitarse progresivamente sin usar la autoridad y la fuerza. Es, dice E. Régis, *una verdadera rebelión de la naturaleza contra la muerte.»*

Esto puede suceder en los casos más extremos; pero no deja de ser un peligro real para cualquier adolescente que se inicie en un proceso anoréxico.

Hay que regresar a la normalidad a tiempo, o luego puede ser muy tarde para lamentarse. Lo más frecuente es que la anoréxica se recupere a través del tratamiento terapéutico oportuno. Hay que controlar que la recuperación sea hacia una alimentación equilibrada y normal. Y esa recuperación debe incluir el tratamiento del grupo familiar.

Continúa escribiendo Ajuariaguerra sobre el tema de la recuperación de la anorexia.

«De hecho, no basta un aumento de peso, ni siquiera un cambio en las preocupaciones con respecto a la comida para dar por válida una curación. La curación será total únicamente cuando la personalidad del adolescente o de la muchacha haya cambiado, no sólo en cuanto a las particularidades de su manera de proceder ante la comida y sus naturales consecuencias, sino especialmente cuando haya obtenido suficiente movilidad en sus relaciones afectivas y haya visto comprometida su identidad con ciertas experiencias.»

Por eso, es fundamental tratar también a la familia donde se ubica la adolescente.

CAPÍTULO V

OBJETIVO:
«COMER MÁS» Y «ESTAR MEJOR»

La dieta equilibrada

El control de la alimentación es algo que está de moda. Lo malo es que muchas veces confundimos el *«tocino con la velocidad»*, y esto es mucho más probable cuanto más inmaduros somos, o menos información tenemos.

Una dieta adecuada no debe pecar ni por defecto ni por exceso. Hay que dejar de caer en trampas de tipo psicológico, en las cuáles aparecen pensamientos mágicos e incluso ideas absurdas. Si me pongo a dieta adelgazo y si dejo de fumar engordo.

Hay que dejar de jugar con la alimentación una vez que se sepa que debemos estar educados para consumir alimentos equilibradamente.

¿Cómo entender la alimentación de un modo sano? Los animales que viven libres tienen unos mecanismos reguladores de su dieta maravillosos. El hombre parece que tiene que acudir a mil artificios.

Hay que cuidarse, eso está claro; principalmente porque es un tema de salud, no ya de estética. Tanto la bulimia como la anorexia alteran el equilibro corporal y hacen enfermar al cuerpo.

La depresión y la angustia, los factores de malestar en la personalidad, como ya hemos comentado multitud de veces, alteran los procesos normales del apetito y el hambre, produciéndose fenómenos como el de la bulimia y la anorexia como mecanismos compensatorios de la personalidad.

Si pudiéramos hacer que la persona anoréxica tomara conciencia de esa realidad y lográramos apartar los problemas del hecho compensatorio de comer en exceso o de no comer, sería realmente el inicio de la recuperación personal.

> Hay que llegar a una dieta que sea equilibrada, ni por defecto ni por exceso.

La persona anoréxica huye de la comida y, como compensación a su angustia, se ocupa de otras cosas de un modo hiperactivo. La trampa sería: si dejo de comer adelgazo y si me ocupo en actividades me olvido de mi problema.

Se buscan alternativas a la anorexia para negarla. Eso es lo que hace el anoréxico negando su propia realidad, no admitiendo el manejo que hace de la alimentación con la fantasía de lograr grandes objetivos (ser muy delgada, por ejemplo).

Cuando uno ha admitido que tiene un problema se ha conseguido la separación básica de comer con los problemas personales. Cuando una chica se recupera de su bajo peso y come con cierta regularidad, y sus problemas de orden psicológico se vuelven a equilibrar, es un buen momento para aprender a comer ni por exceso ni por defecto. Es mucho más fácil decir «no como» que apartar la comida de cualquier situación ajena de ella misma y hacerlo con equilibrio.

Saber comer, un tema educativo

Saber comer es un tema de educación y estilo personal. Hay que acompañarlo de un tiempo de ejercitación física y otros hábitos positivos de salud. Quien haya pasado por un período anoréxico causado, al principio, por el temor a engordar es hora de que se plantee que el ejercicio es la mejor compensación para tener un cuerpo sano y bello: un cuerpo sano en una mente sana. Esto repercutirá en sentirse mejor incluso anímicamente, favorecerá el optimismo y la autoestima.

Pero cualquier desequilibrio entre esos factores es perjudicial. Es decir, nadie puede pensar en obtener beneficios diciendo: «no como y hago mucho deporte», pues entraría en una gran contradicción de salud. Hay que comer equilibradamente y hacer ejercicio físico equilibradamente también.

La armonía está en ganar y perder calorías de una manera compensada. Ésa es la mejor regla para mantener el tipo. Pero para eso hay que educarse en saber lo que respecta a la alimentación.

Hay que aprender a disfrutar de lo que la naturaleza nos da. La comida no tiene por qué ser un suplicio. Si llega a serlo, es porque reflejamos en ella cosas que no tienen que ver con su naturaleza sino con nuestros problemas mentales.

Hay que lograr tener siempre compensadas las calorías que consumimos con las que gastamos. Hay que saber que las grasas deben ser controladas en su consumo, pero no podemos llegar a eliminarlas porque produciríamos un desequilibrio en nuestro cuerpo.

Tendríamos que saber algo sobre las grasas, los tipos que existen y cuáles son buenas y cuáles no recomendables. Saber alimentarse, como venimos diciendo, es una cuestión de información y de educación.

La alimentación equilibrada tiene en cuenta una serie de normas nutricionales básicas.
Comer con equilibrio no es un tema de dieta sino de hábito y de norma adecuada.

Dejar de mostrar un comportamiento anoréxico no está reñido con el hecho de que mantengamos un control sobre el consumo alimenticio adecuado. En este caso lo que hay que hacer es incrementar la ingesta hasta un nivel tal que el cuerpo encuentre su equilibrio; luego todo es cuestión de mantenerse sobre esos niveles tolerables a base de compensarlo con ejercicio.

Este pensamiento debe ser muy tenido en cuenta a la hora de comer. Si no comemos rompemos el equilibrio que se establece con un buen estado de salud.

¿Cómo controlar las grasas?

— Comer más pan para reducir la ingesta de embutidos.
— Controlar la mantequilla.
— Comer más patatas y verduras en detrimento de la carne.

- Evitar los rebozados y los fritos potenciando los preparados a la plancha y a la parrilla.
- Controlar la ingestión de productos como la mayonesa y la nata.
- Procurar consumir proteínas animales en carne magra.
- Mantener un horario de comidas y evitar el picoteo, las pastas, golosinas y otros productos de pastelería.

La dieta correcta

- La dieta debe ser variada.
- Tratar de comer a diario fruta fresca y ensalada.
- Consumir cereales integrales (pan, pasta, arroz).
- Saborear la comida y masticarla con lentitud.
- En el menú diario incluir productos lácteos (leche fresca, requesón...).
- Beber más de un litro diario de líquido, como agua mineral.
- Como mínimo, una vez a la semana comer pescado.

Se trata, tanto si es para recuperar peso como para perderlo, de que consideremos esta cuestión no como una dieta sino como un concepto de educación dietética.

Este equilibrio nos ayudará a tener lo que una adolescente desea: un cuerpo atractivo. La alimentación equilibrada ayuda a mantener la salud y la lozanía corporal (la belleza).

Qué, cuándo y cuánto comer

En una obra titulada *Quiero dejar de fumar*, escribí al respecto del control alimentario:

«*No nos vamos a interesar demasiado por la química de nuestra alimentación y sus consecuencias más allá de lo puramente necesario para entender el funcionamiento corporal con sus funciones y, por supuesto, como base de nuestra química corporal. Es decir, aquello que entra por nuestra boca como alimento resulta ser la base de todas estas funciones. En parte, junto a la oxigenación y la bebida, son la base de la vida. Por tanto, el tema que proponemos no es adelgazar o engordar, sino el de platearnos qué es lo más sano para brindar a nuestro cuerpo y cómo aportárselo adecuadamente. A través de los alimentos llegan a nuestro organismo multitud de sustancias diferentes; no todas son de utilidad para su funcionamiento. Las útiles se denominan nutrientes. Estos nutrientes tienen un potencial bioenergético denominado calorías. Las calorías permiten que realicemos cualquier actividad vital con nuestro cuerpo, a todos los niveles. Nuestras acciones se traducen en gastos de calorías. Es posible obtener las calorías gracias a la alimentación.*»

> No hay que temer volver a comer con normalidad si se sigue con corrección una alimentación educada y equilibrada en su consumo.

Hay que procurar regular la conducta alimenticia en el tiempo, y cuando se presente el momento de la ingesta mentalizarse con pensamientos positivos: «Me cuesta, pero es necesario.»

Hay que organizarse lo más posible con respecto a todo lo que toca a la comida. Comer de modo correcto no es un tema de dietética sino de salud, sea cual sea la pretensión básica que se persiga. Ese respeto se lo debemos a nuestro cuerpo.

El cambio de actitud hacia la comida debe entenderse como: «comer es vivir. No comer es morir.»

Comer con equilibrio es un tema fundamentalmente de salud y calidad de vida personal.
—Cuándo comer.
—Qué comer.
Son dos factores que hay que controlar.

Hay que pensar de un modo diferente, resulta necesario para mejorar la calidad del comer.

Para la anoréxica es necesario, de alguna manera, dulcificar de modo positivo ese momento. Hay que hacer positivo el momento de comer *(cuándo comer);* es necesario aceptar *cuánto comer* (cantidad) y es necesario controlar *qué comer*. Esos tres factores tienen que ser de alguna manera negociados con la persona, e instituir una línea básica de consumo de alimentos bajo control médico.

Sobre esos tres factores la persona que padece anorexia debe ceder, intentando un cambio de actitud y mejorando sus propios pensamientos de modo positivo hacia el hecho de comer: *«La comida da salud.» «La vida es posible gracias a los alimentos».*

*«La dieta equilibrada hay que lograrla a través de informarse y poner en marcha buenos hábitos diarios —*escribí en la obra anteriormente citada—*. Hay que aprender a controlar con equilibrio en esos principios*

básicos (cuándo comer, cuánto comer, qué comer). No hay que someterse a la tiranía de los rituales...».

La alimentación hace posible la cinética de nuestro cuerpo, y es necesario que la persona en vía clara de un proceso anoréxico deba retomar el valor psicológico que tiene el aporte de energía para su vida.

Diez reglas para una buena alimentación, de Michael Hamm

1. Variada, pero no en exceso ni en defecto.
2. Pocas grasas de animal y alimentos ricos en grasa vegetal.
3. Condimentadas pero no saladas.
4. Poco dulces.
5. Más productos integrales.
6. Abundantes verduras, patatas y frutas.
7. Pocas proteínas de origen animal.
8. Beber con prudencia.
9. Controlar el momento de comer.
10. Preparación sabrosa de los alimentos, pero conservando las sustancias nutritivas.

Evitar el sufrimiento por comer

Mantener controlado el cuerpo no es cuestión de dietas sino de educación e información sobre cómo alimentarse equilibradamente. Quien alcanza un exceso de peso como quien lo pierde de forma alarmante entra en el peligroso juego de alimentarse con desequilibrio. Las consecuencias corporales no entienden de razones, sean del tipo que sean: psicológicas, sociales, por estar delgadas y seguir una moda... El cuerpo enferma y punto.

«Olvídese de sufrir: ni por comer ni por no comer —escribo en la obra ya citada—. *Haga lo que resulta correcto para su cuerpo. Haga un pequeño estudio de los alimentos consumidos. Sepa las calorías que toma con cada alimento. Analice cuál es la cantidad que usted necesita. Nútrase bajo este principio: coma cosas saludables, logre una dieta variada. No llegue a la carencia.»*

Una persona con un problema anoréxico debe también saber qué es lo correcto para ella misma en términos de consumo. Si al hacer un estudio de las calorías que consume éstas resultan insuficientes, es necesario aumentarlas; la única manera de hacerlo es incrementando la ingesta alimenticia, en la cantidad suficiente y con productos óptimos para la salud. Y esto debe

> Si desatendemos lo que corresponde a la salud, podemos pagar un precio muy caro.

hacerlo, en caso de que la persona esté en un proceso anoréxico avanzado, el médico, el especialista en temas dietéticos.

La alimentación equilibrada —ni por exceso ni por defecto— da un sentido también de equilibrio al cuerpo y es la base de la auténtica belleza corporal y espiritual. Lo otro son desequilibrios que nos llevan al malestar físico y espiritual con el consiguiente peligro para la salud.

Consejos

1. No debo tomar una alimentación excesiva.
2. No debo tomar una alimentación deficiente.
3. Me pesaré semanalmente para controlar mi consumo de calorías. Esto me dirá si debo comer más para llegar a un peso normal. (Lo mejor es que esté controlado por un médico.)

Hay que cambiar la actitud negativa hacia la comida pensado en cosas positivas sobre ella, de ese modo podremos incorporarla mejor a nuestro cuerpo. Si existe un problema de falta de peso, eso lo indica la báscula; ni las revistas de moda ni los personajes de la televisión y el cine tienen autoridad para indicar cuál es el peso correcto (en sus mensajes subliminales). La objetividad de mi peso saludable está en la báscula no en agentes subjetivos, y a eso hay que ceñirse.

Con menos de un determinado peso entramos en peligro para la salud

¿Pero cuál es ese peso normal? El índice de Broca nos puede guiar para tener una referencia sobre ellos. ¿Cómo calcularlo? Hay que tener en cuenta la talla. ¿Cuál es su talla? Escríbalo aquí en cm: _____ ahora quítele 100 kg. ¿Cuál es mi peso normal según mi talla? Escriba aquí el resultado anterior: _____ éste es su peso normal pero bajo la siguiente reflexión:

Mido 180 cm y le quito 100, esto me da 80 kg (válido para una persona adulta). Como peso normal (habría que tener en cuenta la edad y el sexo), a esos 80 kg hay que considerar mi peso, y si estoy entre un diez por ciento o un veinte por ciento por debajo de esa cantidad estoy en una situación de déficit.

No recomiendo que se siga este método por el tema de las variables de edad y sexo, pero sí que sea el médico el que marque ese límite entre lo que es normal y lo que es deficiente en el peso de una persona. Y saber con claridad, independientemente de cómo pueda verme yo en el espejo, que traspasado ese umbral entramos en zona de peligro: la luz roja se ha encendido, cualquier cosa es posible. Por tanto, la tendencia debe ser recuperar peso para estar en el espectro del peso normal.

> Es el médico, después de un diagnóstico, el especialista más recomendado para indicarnos cuál debe ser nuestro peso correcto; a partir de ello seguiremos una alimentación equilibrada.

No hay que estar obsesionado por las cosas. Pensar que si regulo un consumo de calorías apropiado diariamente, y esto se hace siempre así, se establece un hábito y no se estará sometido al control tiránico de estar pendiente de la comida.

Hay que ser previsor y lograr establecer un control alimentario ni por defecto ni por exceso de flexibilidad o inflexibilidad.

Hay que ser precavidos. Quizá escribir los motivos por los que se debe comer más y recordarlos frecuentemente para que se anime a ingerir más alimento, planificando cómo hacerlo. Y procurar por todos lo medios evitar que el tema de tener que comer más sea algo que nos obsesione y nos amargue la vida.

Hay que ser disciplinados hasta que logremos nuevamente comer de modo automático y alcanzar un nivel normal; es decir, llegar a alimentarse otra vez de forma equilibrada.

Premiarse porque, teniendo ganas de «no comer», uno come

«El grado máximo en esta educación alimentaria —escribí en la obra que vengo citando— *consiste en adquirir el hábito de alimentarse de forma equilibrada, y llegar a hacerlo de modo automático, como si esa forma de actuar perteneciese a nuestra propia naturaleza.»*

Por esta razón el incremento de alimento debe hacerse de modo tal que resulte lo más motivador posible para la persona dentro de su rechazo.

Puesto que comer es el problema principal inmediato que un anoréxico puede tener, este hecho (es decir, comer) debe estar asociado al máximo de circunstancias positivas posibles.

Aunque no viene al caso comparar, al niño pequeño para que coma se le rodea muchas veces de afecto, de fiestas. No estamos sugiriendo que sea esto lo que se haga con una adolescente. Pero sí que puede seguir a ese momento una serie de circunstancias positivas.

Después de comer, hacer algo que le guste, tener previsto algún refuerzo positivo. Eso tendrían que preverlo

---

Si escribo los motivos por los que debo seguir una alimentación adecuada estaré en el buen camino.

el grupo familiar y la persona implicada en el trastorno alimentario.

Comer en un contexto agradable determinado. Tener en cuenta en la comida los gustos y las predilecciones de la persona. Se trata de reforzar con argumentos positivos el *«hecho de comer»*...

Aunque no debería quedarse este refuerzo sólo en el plano del comportamiento sino también en el del pensamiento y de las actitudes. Es decir, que hay que trabajarse por dentro, en la personalidad, una actitud abierta con valoraciones positivas hacia el hecho de *«comer más»*. Todo ello, poco a poco, logrará normalizar el comportamiento alimentario, generándose un cierto automatismo.

> El peor enemigo parta seguir una alimentación equilibrada es la negación de la persona a admitir que tiene un problema.

No comer es también un tema de *«coco»*

Tanto las personas que padecen bulimia como las que padecen anorexia, curiosamente niegan que coman mucho o que coman poco. El anoréxico tiene una tendencia natural a negar que su consumo de alimentos sea escaso. La persona obesa se extraña de estar gorda cuando cree que en realidad no come tanto. Se niega la realidad para evitar enfrentarse al problema.

Esta paradoja debe ser resuelta en una persona que quiera normalizar su peso. Hay que aprender a aceptar las cosas tal como son. Si tengo problema de peso (falta de peso) hay que aceptarlo, existen muchos medios objetivos para comprobarlo, y a partir de este momento comenzar la recuperación. Si luego aparecen otros problemas ajenos a lo puramente alimentario habremos también de abordarlo, pero en otra dimensión.

La conducta de no comer está embrollada en la mente de una adolescente por pensamientos que lo refuerzan (por lo que significa socialmente estar delgado; las cosas que se pueden lograr para llegar a conseguir un cierto éxito social o el placer que se logra por no comer).

El ayuno está reforzado por una ingente cantidad de intereses particulares en relación a logros personales, pero que se ubican en actitudes internas en relación muchas veces con modelos de referencias sociales (los amigos, la pandilla). O simplemente se establecen como una forma de ser frente al mundo. No comer está en las adolescentes reforzado por muchas cuestiones que tienen que ver con las investiduras psicológicas que se ciñen sobre el cuerpo *(«Si estoy gorda, soy fea para los demás y fracasaré», «Me pasó de niña que era gordita y se metían conmigo».)*

Los pensamientos negativos hay que controlarlos para que no frenen el proceso de recuperación.

Todos esos pensamientos negativos, esas energías destructivas, hay que trasformarlos. Hay que reforzar una mente positiva, cambiar el signo de los pensamientos.

«Si como equilibradamente, todo en mi ser será más armonioso»; «Si como con equilibrio, vendrá a mí la belleza natural que a mi persona corresponde»; «Seré una persona con el máximo de éxito ante los demás cuando yo me acepte a mí misma.»

Estos pensamientos son maduros y ayudarán para llevar una dieta equilibrada.

Como diría Hamm:

«La alimentación no solamente nutre el cuerpo sino también a nuestro centro de regulación mental. La alimentación tiene una influencia decisiva sobre nuestra actividad física y psíquica.»

Comer para vivir y no vivir para *«no comer»*

En absoluto con todo esto estamos por la labor de hacer de una anorexia un problema de bulimia. Entre estos dos polos está la dieta alimentaria equilibrada: Hay que *«comer para vivir y no vivir para no comer»*. Si vivo para comer, o para no comer, se rompe el equilibrio entre lo psicológico y lo corporal, con el peligro que conlleva para la salud física: ¡calidad!, ni mucha ni poca cantidad en la alimentación.

> Tanto en la bulimia como en la anorexia no hay que «vivir para comer, sino comer para vivir».

Queda claro que en esta línea no abogamos por dietas de ningún tipo sino por la adquisición de buenos hábitos alimentarios a través de la educación.

La persona que padece una anorexia y está en tratamiento de recuperación debe finalmente adquirir un estilo de alimentarse educado y equilibrado para su salud, y esto debe trabajarse así durante todo el tratamiento de la anorexia. Se trata de recobrar lo que la naturaleza pide para ella misma: ¡la anorexia no es bella! Estabilizarse en un peso normal significa estar educado en la ingesta de alimentos.

Cuando se esté iniciando la persona anoréxica en el proceso de comer hay que levantar el ánimo y sentirse lo más optimista posible, sociable; proponerse cambios de vida y de hábito, ilusionarse por hacer cosas que siempre estuvieron pendientes; hay que reconcialiarse con el entorno que nos rodea. ¡Amar la vida!

Y por supuesto hay que tratar psicológicamente qué es lo que se esconde detrás de nuestro problema de alimentación. Aunque nos cueste al principio, hay que abordarlo con el terapeuta; esa ayuda es fundamental para desligar *«comer»* con asuntos personales. *«Comer es comer»* y *«Vivir es vivir»*.

Al principio hay que tener paciencia para intentar regular el incremento de alimentación, y ser humildes, pues las señales de hambre y saciedad están alteradas, y poco a poco cuando se adquiera el hábito de comer con normalidad esto se irá regulando.

La inflexibilidad ante el hecho de *«comer más»*

Está muy claro que no hay que tomarse las cosas con inflexibilidad. Uno puede fallar en ese intento serio de tratar de «comer más» como en cualquier otra cosa de la vida.

Es esencial que pensemos que *«comer más»* lo vamos a intentar con todas nuestras fuerzas, y que si existen fallos los aceptaremos y volveremos de nuevo a intentarlo. Visto así, *«comer más»* no es un acontecimiento día a día sino un proceso a largo plazo que nos llevará hacia la dieta equilibrada. Si alguna vez fallamos, ¡no pasa nada!

Cuando nos sometemos a una situación tirana donde fallar no está permitido, corremos el riesgo del fracaso total: es decir recaemos en la anorexia.

Fallar y volver a intentarlo puede ser perfectamente asumido dentro de un proceso de recuperación normal de la anorexia. Y todo estará resuelto cuando la persona llegue al equilibrio y a la madurez en sus hábitos alimentarios y se sienta estabilizado en su mente.

«Comer más» es posible si uno se lo plantea seriamente como un proceso. Por supuesto que ello entra a formar parte de que uno quiera verdaderamente hacerlo. La voluntad de intentarlo le corresponde a quien tiene el problema y la actitud de quererlo es el pilar básico donde debe apoyarse cualquier tratamiento.

No querer cambiar, aceptar el problema como una condición inamovible, es lo peor que a uno le puede suceder. Hay que ser valientes y decir: ¡lo intentaré! ¡Nada es fácil, pero peor es dejarlo!

Cambiar de actitud para *«comer más»*

Hay que pensar que el camino del tratamiento que se va a iniciar entre lo que se incluye *«comer más»* nos aparta de una actitud y de una conducta determinadas.

«No comer» puede conducirnos a un grave deterioro físico cuando no psicológico. Jugamos con elementos que pueden llevarnos hasta la puerta misma de la muerte. Esta realidad nos enfrenta a un hecho terrible (existe un porcentaje de personas anoréxicas que mueren).

El primer planteamiento en un tratamiento puede ser reconocer y decir: ¡quiero y puedo dejar de ser anoréxica!

Que yo quiera dejar la condición de anoréxica es una actitud que hay que ganarse trabajando la mente. Hay que desearlo, tomar conciencia de la realidad. Y una vez que se ha cambiado de actitud frente al problema ponerse en marcha. Eso es lo mínimo que debe proponer cualquier tratamiento sobre la anorexia.

«*No comer*» tiene una clara referencia en mi sistema de actitudes e intereses. Ese conjunto de intereses *(«Tendré éxito y amigos si soy delgada y guapa como las modelos»,* por ejemplo) y actitudes *(«No comeré más de lo mínimamente necesario lo diga quien lo diga»,* por ejemplo) es lo que mantiene mi conducta de «*no comer*».

Hay que cambiar de actitud *(«Quiero ser yo misma y no ser un trapo al viento de las modas»,* por ejemplo) y de intereses *(«Me sentiré mejor. Los demás me aceptarán más»).*

«*Comer más*» es el objetivo para lograr una dieta equilibrada; eso no significa caminar hacia la obesidad, ni mucho menos.

Se debe cambiar la visión del problema. ¡Claro que esto no es sencillo! Nadie dice que lo sea. Por eso, buscar la ayuda de un terapeuta o de un equipo especializado a estos menesteres resulta esencial.

Hay que recordar siempre que eso no es labor de un día, sino un proceso para lograr un objetivo claro en el tiempo: dejar de ser anoréxica. Cuesta porque uno se acostumbra a las cosas y se tienen que romper hábitos.

Motivación para romper con el hábito de no comer

Hay que motivarse para iniciar un proceso de recuperación como éste, pues existe un nivel de dependencia de la conducta de no comer.

No comer se puede establecer como un hábito y las funciones fisiológicas pueden alterar los mecanismos normales del «*hambre*» y el «*apetito*». Así que no comer se torna reforzador en sí mismo. Hay que encontrar algunas motivaciones que puedan romper esta cadena.

Si logramos que la persona que está metida en un proceso de tipo anoréxico adquiera alta motivación por abandonar la conducta de «*no comer*», entraremos en una dinámica positiva para su recuperación.

El planteamiento terapéutico de lograr esa motivación es un trabajo básico de información y de comunicación con la persona. Cuanta más motivación logremos de la persona anoréxica por su recuperación menos tiempo se tardará en el proceso de curación de la anorexia. Así que, básicamente, lograr la colaboración y motivar la conducta de «*comer más*» son dos factores importantísimos del proceso.

La motivación es importante para no recaer una vez que la persona anoréxica ha salido de su problema. Debería estar siempre sustentada por la motivación de no usar la comida como moneda de cambio. En esto el apoyo de la familia, la vigilancia de ésta, es fundamental.

Las recaídas pueden producirse por falta de previsión. Es decir, por exceso de confianza de que todo el problema está ya salvado. En este sentido hay que estar vigilante. Hay que saber separar la comida de todo lo que sean trasuntos psicológicos y sociales. Y este hecho debe ser trabajado en cualquier proceso de recuperación de la anorexia. Se trata de saber que hay que establecer un criterio de dieta sana y mantenerse en ello, independientemente de cualquier influjo exterior o interior a la persona.

Una trampa psicológica: justificarse por no comer

Éste es uno de los problemas más importantes de la anorexia, negar la evidencia de que uno practica una conducta peligrosa para la salud.

Parece que no se tiene conciencia del significado de «*no comer*». Así, se observa que se justifica por todos los medios, mediante aseveraciones y afirmaciones: (*«Estoy bien», «A mí no me pasa nada», «No necesito ningún tratamiento»*).

La motivación para hacer estas cosas que proponemos es fundamental.
La recaída se puede producir por un exceso de confianza en que el problema está superado.

Cuando se justifica tan categóricamente que esta conducta de no comer no le produce ningún daño, es que la persona se lo cree de verdad y, desde el punto de vista mental, así es. La psique sufre un proceso de distorsión en el sentido de que busca la coherencia. No puede admitirse que algo es bueno y malo al unísono. No puede aceptarse que *«no comer»* es malo y bueno al mismo tiempo. Así que la mente del anoréxico está plagada de pensamientos, actitudes e ideas que justifican *«no comer»*. Por eso se opone a que los demás contradigan su actitud y su conducta.

Hay pues que ir deshaciendo durante el tratamiento el conjunto de trampas psicológicas que la anoréxica se tiende a sí misma para justificar su conducta de *«no comer»*. Está claro que esto es un proceso lento, avanza poco a poco, en el que no conviene obsesionarse por tratar de convencer a toda costa de la confusión a la que puede estar sometida. Podríamos encontrar más oposición. Deberemos comunicarnos sin ánimo de entrar en conflicto y, lentamente, llegar conjuntamente con la persona anoréxica a la necesidad de ver las cosas desde otras perspectivas.

> La mente humana se tiende trampas psicológicas continuas de tal modo que se justifican las cosas.

Una vez que se deshacen las trampas psicológicas, estamos ya listos para encarar el proceso de recuperación: *«comer más»*, que debe ser el inicio de la búsqueda de una mejor calidad de vida personal (psicológica) y corporal.

Todo debe comenzar por una reflexión sobre quién soy y lo que me pasa. Luego vendrá el propósito de cambiar y de mantenerse firme ante el compromiso personal de salir de un problema de la forma más definitiva posible.

Cualquier persona con un claro propósito de querer hacer algo genera la voluntad suficiente para realizar lo que se ha marcado.

Una vez iniciado el proceso de recuperación (*«comer más»*) es fácil que se incremente el deseo de continuar recuperándose, para eso hay que tener ideas muy claras al respecto.

La psicoterapia, o cualquier tipo de terapia grupal o individual, debe trabajar el control mental y una cierta preparación psíquica donde apoyarse durante el proceso. No podemos sólo deshacer las trampas mentales que justifican «*no comer*» sino que hay que crear pensamientos positivos hacia la normalización de la dieta (*«Comer no es tan malo. Da salud y permite estar más integrado con todo lo que me rodea»,* por ejemplo).

Hay que hacer caer las trampas que se tienden para no comer.
Si uno está convencido para hacer algo es posible llevarlo a cabo; donde no existe esta convinción es imposible el remedio.

Hay que estar precavidos ante el doble fenómeno de que se cree una necesidad física a «*no comer*» y una necesidad psicológica sustentada por la mente que lo justifica (por ejemplo: *«Estaré más delgada y a la moda»*). Y todo ello son los falsos pilares en los que se sustenta la anorexia; cuando realmente la delgadez que produce la anorexia es antiestética y la salud queda minada.

«*No comer*» se sostiene por la fuerza de la mente, y sólo por la fuerza de la mente se puede hacer desaparecer este comportamiento.

Metacognición

Hay que darse cuenta de lo que significa la conducta de no comer. Hay que valorar junto a la persona anoréxica (una vez que acepta esta reflexión), lo que implica a todos los niveles realmente «*no comer*». Cuando se sabe lo que esto provoca «no comer» y uno se da cuenta real de lo que implica, es el momento de estar preparado para salir de ella.

> Una vez que se desea cambiar hay que reflexionar sobre el hecho de «no comer».

La metacognición significa darse cuenta de lo que se piensa con respecto a esa conducta y someterla a análisis, de tal manera que esa crítica hace ver con más objetividad las cosas. A partir de ese momento se está preparado para la recuperación.

Piensa que:

— No comer afecta a la salud de mi cuerpo.
— No comer es peligroso.

Uno de los problemas que presenta la recaída en la anorexia puede deberse a que no se adquiere el compromiso claro de no utilizar la comida como alternativa a los propios problemas personales y sociales. Hay que establecer un compromiso donde «*no comer*» sea algo no negociable ni para uno mismo.

«*No comer*» es un comportamiento o una conducta muy compleja.

Hay que decidirse a:

— Volver a comer con equilibrio.
— Pensar que si uno lo quiere lo puede conseguir.

— Que la auténtica felicidad está en el interior de la persona no en las cosas externas (modas, éxito).

Hay que lograr ser optimista:

— Cuando me recupere todo irá mejor.
— Voy a cambiar parte de mi vida con la ayuda de los demás.
— Procuraré aceptarme para triunfar con lo que tengo y soy; eso será posible.

Hay que dejar fluir pensamientos positivos (*«Comer no es tan malo como pensaba», «Sabiendo controlar bien no es necesario ponerse obesa», «Ser obesa es una condición no un fracaso»*). Controlando los pensamientos y haciendo que éstos sean positivos es posible salvar cualquier problema.

A través de los pensamientos podemos influir sobre nuestras tendencias más profundas. «No comer» está producido por acciones psíquicas; ahora se trata de aprender nuevamente que «*comer más*» es lo mejor. Hay que hacer ahora el recorrido en sentido contrario: descondicionarnos. Todo es un tema de sugestión; llegar a «*no comer*» lo es también. El propósito de «*comer más*» es un acto fundamentalmente psicológico con la intención de salir de un problema (en el caso de la anorexia).

Para llegar a «*no comer*» se necesitan reforzadores de ese comportamiento. Es decir, puede ser por una reacción

> Con los pensamientos podemos influir en nuestras tendencias más profundas.

de rebeldía frente a la familia, por ejemplo. La persona que llega a la anorexia debe saber qué cosas reforzaron su comportamiento que pueden ser asuntos tanto personales como sociales.

No comer debe tener tras de sí una historia de acontecimientos que deben ser aclarados por una misma y a la luz del tratamiento.

Las causas por las que empecé a no comer

Empecé a no comer:

— Por problemas personales.
— Por falta de armonía en mi familia.
— Por búsqueda de valores fuera de mí misma.
— Por no estar informada de lo que significaba realmente.
— Por presión de la sociedad a través de sus medios de comunicación.
— Por presión de mi grupo social de amigos.

Son muchas las causas por las que una persona puede *no comer*. Cada persona que se encuentre ante este problema debe averiguar cuáles son las suyas y pensar al mismo tiempo que

Hay que analizar en algún momento las causas reales por las que no se come.

no merece la pena arriesgar por esas cosas la propia salud y preocupar en extremo máximo a quienes nos rodean (familiares y amigos, incluso por mucha manía que les tengamos).

Uno debe indagar si comenzó a «no comer»:

— Por mi propia personalidad.
— Por mis intereses.
— Por mis actitudes.
— Por mis rasgos de personalidad.
— Por mis motivaciones raras.
— Por considerar falsos valores (éxito, triunfo, moda).
— Por mi contexto social.
— Por causa de mis padres y otros familiares.
— Por seguir el modelo de los amigos.
— Por verlo positivo, ya que se refleja en el mundo que me rodea.
— Por mi condición corporal.
— Siempre he sido algo mística para comer y con la adolescencia se agrava.
— No estoy realmente con el cuerpo para probar nada.
— Tengo una salud delicada.

Uno debe darse cuenta de:

— Si la conducta de «*no comer*» se inicia por gratificaciones de tipo social.
— ¿Por qué causas comencé a no comer?
— Porque quería estar más delgada para agradar (por ejemplo).

Objetivo: «comer más» y «estar mejor»

Hay que saber por qué hacemos las cosas. Desde el punto de vista social hay elementos que están reforzando la conducta de *«no comer»*.

Haz una reflexión sobre las que pueden estar funcionando si se tiene un problema de anorexia. Si queremos controlar un comportamiento como «no comer» es fundamental saber por qué se hace. Así que no está mal pensar y reflexionar sobre el origen de esa conducta a la que está asociado...

El paso siguiente consiste en tratar de romper esa asociación (*«Por estar superdelgada no voy a ser más guapa»*, *«Ser una persona con un peso normal es lógico e interesante»*...).

Hay que aprender a distinguir entre las buenas ideas y los pensamientos inútiles. Nada como analizar y criticar incluso aquellos pensamientos que tengo como muy evidentes (*«Si soy delgada ligaré más. Para ser delgada no como»*).

¡Tú decides!
No debí dejar de comer.
El cuerpo sufre por ello.
¡Te pido perdón por maltratarte!
Ahora trataré de sentirme mejor.
Seré más yo misma.
Me apoyaré en cosas importantes.

Cada persona tiene su propia historia: ¿cuál es la tuya para que estés ahora con un problema de alimentación?

Piensa si merece la pena correr riesgos de salud por lo que has escrito. Ya sabes que es muy peligroso ese camino. No conduce a nada y, algunas veces, lleva a la muerte.

Hacerse preguntas y dar respuestas...

¿Por qué el cuerpo es tolerante a la conducta de no comer? Porque «*no comer*» se llena de contenidos psicológicos. Porque «*no comer*» puede dar satisfacción y placer. Porque «*no comer*» crea expectativas.

Esa dinámica hay que romperla y establecer su contrario. ¿Por qué no volver a tolerar la conducta de comer? Hay que llenar de contenidos psicológicos la conducta de «*comer más*». Hay que dar sentido de satisfacción y placer a «*comer más*». Hay que crear expectativas.

¿Y esto es posible? Sí, con la voluntad y la actitud de quererlo. No hay peligro de engordar, pues hay que llegar al equilibrio alimentario: «ni poco ni mucho: ¡lo justo!»...

Hay que pensar positivamente a la hora de naturalizar nuestra vida y si hay que abandonar algo que nos cuesta porque no es beneficioso para nuestra salud, hay que hacerlo. Al mismo tiempo debemos incrementar la confianza en nosotros mismos y tratar, aunque nos cueste, de comportarse con optimismo. Tenemos que solucionar nuestros problemas personales y sociales sin llegar a manejar aquellas cosas como la alimentación: «*comer es comer*» y «*tener problemas es tener problemas*»; no hay que hacer que el tener problemas sea la base sobre la que asentamos el «*no comer*».

> No podremos superar el problema de la anorexia si no afrontamos las cosas propias de la vida personal.

«*Comer más*» merecerá la pena, pues estaremos mejor de salud, nos llenaremos de orgullo por nuestra voluntad de superar una dificultad, maduraremos como persona y llevaremos la alegría a nuestro entorno y a una misma. Tendremos una gran alegría de estar por encima de los problemas al superar esta crisis que afecta a la alimentación. Y si llegamos a la anorexia por la presión social de la moda y salimos de este trance deberemos alegrarnos de ello; se habrá vencido la presión del medio social.

La baja autoestima

A veces, las personas nos encontramos tan inseguras, con una estima y un valor sobre nosotros mismos tan bajo, que buscamos desesperadamente saciarnos por la infelicidad que sufrimos.

¿Y qué hacemos? Unos beben, otros se hacen tímidos, otros se drogan, o fuman, o dejan de comer, o comen en exceso, o se sienten frustrados, o se deprimen, o...

La insatisfacción que produce la baja autoestima se trata de paliar con muletas. Y ésta no es la solución. El remedio se halla en el interior de nosotros mismos, en saber encarar la baja autoestima con una dinámica de alta autoestima, de lograr sentirnos más valorados y queridos no solamente por los demás sino principalmente por nosotros mismos. Lograr «*comer más*» será un logro también hacia una autoconfianza mayor. No comer es aceptar la pulsión de Thanatos (instinto de muerte) y «*comer más*» simboliza abrazar el Eros (instinto de vida).

La solución a los problemas personales está en la capacidad que tenemos para afrontarlos, y en no huir de ellos. La anorexia es una huida.

No debe ser, según esta idea, agradable decir: «*no como*». Merecerá la pena «*comer más*». Se ha vencido a un enemigo peligroso: la autohipnosis mental, la cerrazón a la aceptación de querer admitir tener un problema.

¡Merece la pena «*comer más*»!

A veces la conquista más importante es vencerse a uno mismo en las actitudes y los pensamientos. Y es la lucha más difícil de afrontar y de ganar. Ir en contra de nuestros deseos es realmente algo muy complicado que no todo el mundo puede hacer, pero es la solución al cambio personal. Eliminar la cabezonería tiene mucho mérito.

Volver a normalizar una vida anoréxica, donde *«no comer»* es el fundamento de *«estar en el mundo»* resulta a todas luces escaso. Nadie debería apoyar su existencia en algo así. Por eso, merecerá la pena iniciar un proceso de realización personal. *«Comer más»* y tratar de mejorar psicológica y socialmente es a todas luces el primer paso para la recuperación de este trastorno alimentario.

No dejarse guiar

Los medios de comunicación transmiten información que genera el ambiente/clima de la cultura de la imagen, afectando a los individuos y a las colectividades.

En las personas producen un cambio en los esquemas mentales —principalmente si son jóvenes—, y aparecen sus efectos en las actitudes y en los comportamientos (ejemplo: *«no comer»*). En las colectividades producen ambientes sociales a veces permisivos y negativos —con mucha frecuencia— que desvalorizan a la sociedad y a sus miembros.

Todo esto genera ambientes socioculturales negativos. Los medios de comunicación refuerzan la conducta de *«no comer»* —para seguir la estética de los modelos sociales— y extienden esa conducta indirectamente, ayudando así a la transmisión de la epidemia anoréxica.

*«... el mundo contempla una invasión de enfermedades "comunicables" por la imagen y la información —*escribe Kack C. S. Ling en un artículo titulado *«El papel de los medios de información»—. Esas infecciones pueden necesitar más tiempo para arraigarse, pero no por ello son menos infecciosas.»*

¡Ojo!, la publicidad es engañosa
Analiza.
¡Sé crítico!
La publicidad nos puede tender trampas psicológicas.

Lo peligroso de todo esto es que la persona anoréxica dará por bueno «*no comer*» y querrá justificar su hábito. Tiende a ser tú mismo. Ten una opinión formada y crítica. Hay que tomar conciencia de cómo las cosas nos influyen, cómo los medios de comunicación pueden modelar la conducta de «*no comer*» por sus referencias. En el fondo caemos en una trampa psicológica.

Es peligroso que «*no comer*» gratifique el comportamiento, apoye los intereses y las actitudes, posea un valor simbólico —ser delgada, por ejemplo—. «*No comer*» puede llegar a ser una fuente de gratificación por sí misma...

¡Ojo con esas trampas!

Así, de esa manera «*no comer*» se convierte en algo mágico que puede transformar la realidad negativa de la persona. «*No comer*» puede operar sobre la vida mental como un bálsamo sobre lo problemático que la vida real otorga. Y eso es una trampa. *«No comer»* puede funcionar como un mecanismo de adaptación al mundo que nos rodea, y eso es un error de la mente.

Si la persona anoréxica lograse vaciar de contenido *«no comer»* comenzaría a solucionar este problema. Esto exige cambiar de actitud.

Poner en práctica:

— Dejar sin valor la conducta de *«no comer»*.
— Pensar en lo negativo de ese comportamiento.
— Creer que *«no comer»* entorpece la dinámica de nuestra vida.
— Pensar que *«no comer»* no embellece, afea.
— Creer que no facilita la socialización, la inhibe.

¡*No comer* deteriora nuestra calidad de vida!

¿Cuáles son las trampas psicológicas que hacen que no comas? Responde:

....
....
....
....
....
....
....
....

El *feedback* de la conducta de «*no comer*»

Refuerzo de «*no comer*» (proyección psicológica). «*No comer*» asociado a situaciones, modelos sociales, ideas. Genera una actitud (valores, atributos hacia la comida). Aparecen pensamientos (cogniciones alrededor de la comida). Refuerzo de «*no comer*», efecto de *feedback*.

¡Por favor!
Admite que si no comes lo básico puede existir una anorexia.
¡Pide ayuda!
Consulta a un especialista.
Si tuvieras que aceptarlo,
¡Por favor!
Piensa en tu condición y cambia.
«Come mas» y mejora tu personalidad
¡CAMBIA DE ACTITUD!

Pasos:

— Infórmate en profundidad.
— Intenta seguir un procedimiento que te ayude a salir.
— Piensa que en todo tratamiento puede haber recaídas.
— Cree que aunque caigas de nuevo podrás salir.

Date cuenta que:

— Se puede fallar en los propósitos pero nunca en la intención.
— Procura recuperarte físicamente: comiendo cada vez un poco más.

- En lo psicológico, tratando de ver cuáles son tus problemas.
- En lo social: procura ver en los demás el lado positivo.

Método para recuperarte:

- Infórmate bien sobre el tema de la anorexia, pero esto no es suficiente para autoayudarte.
- Hay que encontrar fórmulas de apoyo concretas para dejar de «*no comer*», porque esto está perjudicando al cuerpo.
- Hay que encontrar el apoyo psicológico: tratamiento oportuno con especialistas.
- Aunque te cueste, en la familia puedes encontrar el apoyo social que necesitas.
- Proponte metas y objetivos para un nuevo estilo de vida.
- Aprovecha para salir de este problema y mejorar en todo.

Dos fórmulas:

- Ponte a «*comer más*» poco a poco.
- Ponte a «*comer más*» radicalmente.

No hay que ser rígido. Hay que hacer lo que a uno le vaya mejor. La autoayuda comienza con la propia intención de querer hacerlo.

Procura:

- Mentalizarte de que tienes que cambiar.

— Poner de tu parte los medios para que así sea: buscar ya una ayuda externa (apóyate en tu familia).
— Terminar con buen fin lo que inicies: durante el tratamiento pon tu alma en ello.
— Estar siempre atento para no recaer: cuando termines recuerda siempre esa experiencia.

¿Quién soy?

No todo el mundo respondemos igual a todas las cosas. Ni todas las personas que tienen un trastorno con la alimentación se guían por los mismos criterios para salir del problema. Todo depende mucho del tipo de personalidad que cada uno posee. Trata de conocerte a ti misma, y luego procura ir ganando cada vez más parcela de autocontrol. Lo importante es lograr ser dueña de una misma. Si eres débil de carácter, tienes baja autoestima, te notas tímida y tienes deseos vagos de superación personal, eres una persona propensa a caer en la anorexia si es con la comida sobre lo que más manipulas haciendo ascos, rechazándola.

Hay que tener muy claro que «*no comer*» está fuertemente relacionado con la propia psicología, con la personalidad y sus circunstancias. Controlar de nuevo el tema de la comida significa haber madurado en el terreno de la personalidad, pero antes hay que controlar con firmeza el propio comportamiento de «*no comer*». Siempre hay que pensar: ¡lo lograré!

No seas:

— Voluble.

- No abandones a la primera de cambio.
- Sé una persona flexible.
- Vete poco a poco.

Piensa:

- En lo importante que será recuperarte físicamente.
- En lo que significará por haber vencido un tema dificultoso.
- En pensamientos positivos para llegar a comer con equilibrio.
- Que con ayuda especializada saldrás muy airosa y probablemente con una personalidad mejorada.
- Me sentiré bien.
- Desaparecerá todo malestar corporal.
- Estaré con más alegría y gozaré con mi salud.
- Reduciré el riesgo de contraer alguna enfermedad irreversible e incluso mortal.
- Que los pensamientos hacia la mejoría deben ser positivos.
- Si los pensamientos son negativos se reforzará la conducta de *«no comer»*.
- La actitud positiva se traduce en seguridad.
- La actitud negativa, en inseguridad y probabilidad de fracaso.

Haz:

- Reunirte con tu familia a dialogar sobre el tema.
- Buscar un teléfono de ayuda para las personas con trastornos alimentarios.

- Procura estar tranquila y relajada: aprende relajación para evitar la ansiedad.
- Llama un día y a una hora para concertar la primera entrevista: que te acompañe tu familia.
- Ponte en marcha con el tratamiento llena de optimismo.
- Apóyate en los demás.
- Cumple tu compromiso. Es un asunto de moral.
- Si estás en un grupo de apoyo de personas en tus circunstancias, aprovéchalo.
- Si vas bien, procura autorrecompensarte.
- Registra en un diario lo que piensas y sientes.
- Escribe los pensamientos negativos y reflexiona sobre ellos para superarlos.

Un programa sencillo pero eficaz: el contrato

- Escribe un contrato con tu familia (por ejemplo) una vez que estés convencida de que deseas cambiar tu comportamiento alimentario. Con firmas incluidas de compromiso. En el contrato debe aparecer cuánto debes comer, cuándo y qué —en modo general—. También debe aparecer el sistema de puntos que vas a obtener por hacer las cosas y el cambio de esos puntos por algo que atrae y vale de refuerzo.
- Procura nombrar a una persona para el control del comportamiento alimenticio. Es decir, para que juzgue contigo si el compromiso se cumple o no, que sea la persona que además firma también el contrato.

— Cada día hay que valorar según una escala de puntos, lo que en el contrato se establece.
  Por ejemplo: Si comes con normalidad (10 puntos); si no llega del todo pero se come casi bien (8 puntos); si se intenta pero no es muy positivo (3 puntos); si no se come (-3 puntos).
— Hay que establecer una lista de las cosas que se pueden obtener con los puntos al cabo de una semana o un mes: Un viaje (100 puntos); un vestido que guste (70 puntos); un libro (15 puntos).

Todos estos procedimientos deben ser consultados con las personas con las que están llevando el tratamiento, para que den su visto bueno, o no, y participen en el control de este procedimiento.

CAPÍTULO VI
CONSEJOS ÍNTIMOS PARA UNA JOVEN ANORÉXICA

— Rompe con la idea de que existe una auténtica relación entre tener un cuerpo como el que promueven los medios de comunicación con los modelos de ser mujer y la felicidad real de las personas.

— Hay un belleza interior que, si se sabe cuidar y potenciar, produce más seducción y éxito que cualquier belleza corporal, sin que neguemos el cuidado del cuerpo.

— Cuida tu cuerpo, pero sin exceso que lo descontrole, y también la mente y el espíritu. El ideal de belleza femenino puede ser el resultado, simplemente, de un gran bombardeo mental relacionado con los medios de comunicación que parten de una sociedad materialista y muy alienada: enloquecida y estresada.

— Nunca pongas en estrecha relación tu éxito profesional con las medidas de tu cuerpo, aunque tu pretensión sea llegar a actriz. Cuídate corporalmente de modo moderado —sólo existen ocho supermodelos y en el mundo hay tres mil millones de mujeres—. Esos tres mil millones de mujeres te quieren como tú eres.

— No te dejes manipular por lo que ves en los anuncios, ellos tratan de crear imágenes para vender productos a través de atraer tu atención y atraparte con esas artimañas: ésa es la finalidad de la publicidad.

— No tengas miedo a la vida y hagas cosas exageradas con tu cuerpo. Aunque tuvieses el cuerpo más bello del mundo, si en ti no cultivas la belleza interior de una autoestima positiva pasarás inadvertida para los demás, aunque te miren con ojos de deseo.

— La autoestima es la valoración que tú te das a ti misma sobre lo que crees que eres. Si toda tu fuerza personal la depositas en los aspectos corporales es muy probable que estés abocada al fracaso; por tanto, cuida de quererte a ti misma, creyendo que eres capaz de cosas verdaderamente importantes.

— ¡Despréndete de tus complejos!, ellos son una farsa que los pensamientos crean para hacerte una persona gris. ¡Libérate de tus pensamientos negativos!, ellos pueden ser las cadenas de tu esclavitud. De cuando en cuando mírate a ti misma con talante positivo; resalta ante ti misma tu valía.

— No debes resolver tus temores y angustias a base de apoyarte en cosas como no comer, o comer mucho. Es posible que te cueste hacerlo, pero merecerá la pena que desplaces tus energías psíquicas —incluso las negativas— hacia otro sitio (cultívate como persona, lleva a cabo actividades sociales de todo tipo o practica deporte, dedícate a nuevas cosas, o...).

— Es la frustración ante nuestros deseos fracasados por lo que los seres humanos sufrimos; pero piensa que esto es lo normal, todo el mundo lo padece en alguna u otra medida. Lo importante es empezar de nuevo con renovados bríos y proyectos, y no hacer cosas «raras» como no comer (o comer mucho); hay personas que beben alcohol o se drogan. Todo ello son actitudes que se adoptan por falta de madurez; existen tantas cosas bellas que realizar en este mundo...

— La familia es un mundo social pequeño donde pueden convivir muchas mentalidades. Tú eres joven y puedes entender que es bueno ceder y ponerse en lugar del otro.
Tus padres te quieren, se llenan de temor al pensar que te pueda pasar algo grave porque no comas. Pero no colabores con ellos ficticiamente sino de modo sincero: ¡busca ayuda! Jugar con la comida sin que te ayude un especialista es peligroso. La

comida es como la gasolina para un coche, sin ella te paras.

— Si ves que te sientes mal psicológicamente, emocionalmente, eso es lo normal, pero caer en la trampa de no comer es un error; para eso están los amigos o los familiares. También los especialistas tienen idea de cómo apoyarte en caso de que surja algún problema: ¡búscalos! Ésa es su vocación. No comer de una manera exagerada se debe a que existen problemas de la personalidad (y esto no es una broma), como saben muy bien las personas especializadas en el tratamiento de esta enfermedad.

— La imagen corporal es una percepción subjetiva que tenemos sobre nuestro cuerpo; ten mucho cuidado porque frecuentemente las personas distorsionan esa imagen; es decir, que lo que perciben de ellos mismos no se corresponde con la realidad. A lo mejor te ves el culo gordo y lo que realmente tienes es un culo estético. La mente juega malas pasadas. Guíate por lo que los demás te dicen. Y si fuera verdad que estás un poco gorda de culo, tienes otras cosas más importantes de las que ocuparte; la gente no va por ahí a ver si ven culos gordos o flacos; ésos son los pensamientos negativos que pueden agotar nuestras energías interiores. ¡Libérate de ellos!

— Piensa que lo de jugar con la comida no es ninguna broma. Se ha comprobado que de cada cien personas que tienen problemas de tipo anoréxico mueren entre ocho y dieciocho de ellas. Eso significa que jugar con la comida es entrar en una dinámica en la que se juega con la muerte.

— Si no comes regularmente es fácil que seas anoréxica. Piensa que la mayoría de las chicas que la padecen se niegan a reconocerlo. Esto es lo más peligroso que puedes hacer, pues por ello ni tú te ayudas a ti misma ni te pueden ayudar los demás. Incluso si los demás te dicen que estás muy delgada, tú dirás que no, que estás bien, pero realmente debes aceptar la idea de que seas anoréxica. La solución comienza por aceptar tú misma la probabilidad de que lo seas (y no pasa nada por ello, sino todo lo contrario).

— De cualquier modo, piensa que si tienes algún problema con la alimentación estas cosas son normales en la adolescencia. Lo que no es normal es entrar en un grado exagerado de descontrol con la comida.

— Ya sabes que con la adolescencia tu cuerpo ha cambiado, y sabes también que eso hay que encajarlo de buena manera. Es normal que puedas vivir a consecuencia de ello emociones muy variadas, y entres en un estado de preocupación, quizá de depresión. Pero no por eso debes comenzar a hacer cosas raras con la comida. Esos estados psíquicos pasan con el tiempo y si dejas de comer la armonía que debe existir entre el cuerpo y la mente se rompe, y eso sí puede ser grave. Protégete contra tus altibajos; comunícate con los demás; todas las cosas pasan.

— Si fuiste de niña una persona que sufrías porque te considerabas «*gordita*» (o tenías complejo de ello) es hora de que superes ese pensamiento, o sentimiento. No te mortifiques ahora en tu adolescencia por ese problema, de tal modo que no comas con el peligro que comporta que llegues a ser una persona anoréxica. Afronta tus complejos y problemas de otra manera...

— No te quejes de quién eres (o crees ser), te vengues de las personas que te rodean (familiares o amigos) o utilices de cualquier otra forma «*no comer*» como un arma arrojadiza para protestar o quejarte; eso a quien únicamente hace daño es a ti misma. Analízate bien como persona y trata de resolver tu situación de una manera madura, no con fórmulas (consciente o inconscientemente) tan peligrosas como ésa, que pueden llegar a conducirte a la anorexia más atroz.

— Si estás metida en un proceso anoréxico, trata de salir cuanto antes de esa situación. Es posible hacerlo si te lo propones firmemente o con ayuda, pero piensa que cuanto más tiempo estés sin comer, con una conducta anoréxica, más te costará luego regresar hacia la normalidad.

— Si eres una persona que tienes problemas reales con tu entorno familiar o de amigos, es fácil que puedas recurrir a comer mucho o a no comer. Aunque la angustia que sientes quede aplacada por esas reacciones, no deja de ser un error que hagas eso, pues usar la comida como arma para solucionar problemas puede acarrear consecuencias fatales. Procura enfrentarte a tus problemas tratando de solucionarlos de otra manera.

— No te recrees demasiado en tu imagen corporal, no sea que quieras ser tan bella como una ninfa y caigas en un control de tu cuerpo que incida sobre la comida de un modo tan abrumador para conseguir un objetivo inalcanzable que, finalmente, lo que te acarree sea un trastorno que pueda ser incluso fatal para la vida. Eso es lo que pasa con la anorexia.

— Cuando te sientas débil ante tu propia autoestima y te invadan sentimientos de timidez o complejos de inferioridad, lo peor que puedes hacer es combatirlo evitando comer y pensando que lograrás algún tipo de éxito que solucione esos temas de esa manera. No sólo no los solucionarás sino que se te añadirán problemas nuevos. Lo mejor es perder los complejos a base de enfrentarlos de otra forma.

— De cualquier modo, si eres algo gordita porque te venga de familia o por exceso de consumo de comida, harás muy bien en cuidarte con la ayuda de un médico, moderando los excesos, pero sin pasar a un estado de descontrol sobre la alimentación, por tu cuenta, que te pueda acarrear problemas. El cuerpo es un ente muy complejo en sus funciones y la alimentación es la base de todos ellos. Por otro lado, hay que admitirse tal como se es; ésa es la mejor manera de que los demás nos acepten. Si no nos reconocemos a nosotros mismos, será difícil que los demás nos toleren, aunque seamos tan delgados como un palillo. Es un tema, pues, de «*coco*»...

— Muchos de los problemas de descontrol alimentario se producen porque tenemos malos hábitos (rechazamos comer fácilmente porque no nos gusta —somos «*místicos*»—; comemos rápidamente y muy mal porque hay que hacer otras cosas, por nerviosismo. Ya desde bebés somos caprichosos y manejamos a nuestros padres con cantidad de manías...). Los malos hábitos se pueden incrementar por otras causas, pero es necesario autocorregirse.

— Sé tú misma, ten personalidad. No porque otros/as amigos/as estén jugando con la alimentación con la intención de adquirir una mejor imagen tienes que hacer tú lo mismo. Aparte de admitir que sucumbes ante la presión de los demás, con ello estás asentado la idea de que son los otros los que guían tu vida, aunque éstos sean tus mejores amigos.

— Porque eres mujer, y además joven o adolescentes, la sociedad sabe que sobre ti se puede establecer más condicionamientos que con cualquier otra persona. Las mujeres en nuestra sociedad están sujetas a una cantidad ingente de clichés, por lo que tiende a presionar para que seas un determinado tipo de mujer. Por eso, en el intento de llegar a la imagen social de la mujer actual, muchas adolescentes manipulan las función alimentaria (no comer), transformándose esto en un trastorno (las anoréxicas son mujeres en un 95 por 100). Sé crítica con los mensajes de presión social (televisión, cine, revistas).

— Piensa que la anorexia es una enfermedad de las sociedades del bienestar, por lo que llegar a ser anoréxica a consecuencia de seguir el canon que marca la sociedad nos hace ser simples. La anorexia se transforma (en estos casos) en una enfermedad de la superficialidad y la simpleza; de la falta de personalidad e, incluso, de la incultura...

— Cuando estés jugando con el tema de la comida piensa que quizá puedas tener un problema; intenta solucionarlo, pero no con la comida.

— Si perteneces a una familia socialmente acomodada, piensa que son ellas también sobre las que los estereotipos sociales ejercen mayor presión. Controla estas circunstancias, pues posiblemente sean la causa que te lleve al problema de la anorexia.

— Si tienes un temor exagerado a estar gorda, ese temor te puede llevar hacia una conducta anoréxica;

procura substraerte ante esa idea que realmente es una distorsión sobre la realidad; un temor infundado que te perjudica más que te beneficia. Esos sentimientos obedecen a que ocupamos muchas veces nuestros pensamientos con previsiones irreales y temores infundados. De cualquier modo, no pasa nada por ser algo gordita, peor es llegar a una situación de anorexia donde uno no sabe incluso si tiene un problema o no. No está reñido el cuidar el cuerpo con la salud. Llegar a ser anoréxica supone perder la salud.

— No te engañes a ti misma; procura buscar ayuda, aunque te cueste muchísimo admitir que tienes problemas con los alimentos.
Piensa que es típico este mecanismo de negación de la evidencia entre las personas que padecen esta enfermedad. No es un juego, eso te puede llevar a tener muchas alteraciones físicas y mentales: ¡sé valiente!

— Los cambios psicológicos y corporales adolescentes que se producen en la mujer te pueden llevar a que comiences a manejar la función alimentaria de una manera incorrecta.
Si ves que esto sucede así, procura salirte de esa dinámica, pues puede ser causa del inicio de la anorexia.

— Si pierdes de repente mucho peso, lo primero que tienes que hacer es un reconocimiento físico exhaustivo para descartar cualquier causa somática.

— La mente puede jugarte malas pasadas y lo que es un problema de depresión se transforma en un trastorno generalizado de la alimentación (también alteraciones de sueño y de la sexualidad). En este caso, hay que tratar de buscar ayuda psicológica. Los especialistas te explicarán por qué causas puedes estar sufriendo un estado depresivo. Hoy en día hay muchas maneras de atajar estos problemas y tienen solución. Pero eres tú el que debes estar convencido para buscar remedio y luego las personas que entienden de estas cosas te ayudarán mediante procedimientos determinados.

— Cuando las personas tenemos problemas, una manera de manifestarlos es a través de la depresión y la angustia; también además de trastocarse el apetito podemos alterar otras funciones somáticas, como el sueño. Son los niños pequeños los que evidencian mejor que nadie este tipo de mecanismos psicológicos y somáticos. Por ejemplo: un niño puede tener un hermanito y, de repente, si antes controlaba hacerse pis por la noche ahora no; tiene sueños y pesadillas nocturnas; deja de comer bien; habla peor que antes. Todo esto, ¿qué significa? Pues que tener un hermano le ha creado un problema de afectividad, quizá porque ahora teme tener que compartir el cariño de sus padres con su nuevo hermano. Los adolescentes con sus problemas también pueden trasladar su angustia y su depresión hacia temas como la alteración de la alimentación. ¡Ojo si vives algo de esto!: busca ayuda. (Si tu depresión es galopante y tienes problemas serios con la alimentación, aunque sea que te lo hayan dicho, no pierdas más tiempo y ponte en manos de especialistas.)

— «Ser atractiva y gustar al sexo opuesto» es una aspiración hacia la que muchas adolescentes sucumben al intentar lograrlo por medios tan artificiales como querer a toda costa llegar a tener una imagen como la que exige la estética socialmente definida. Frente a eso debes pensar que cada cual es como y es y si el otro (quizá varón) no te admite así, piensa que no merece la pena. Puedes ser atractiva y gustar al sexo opuesto sin necesidad de que te sometas a una tortura (en realidad la estética de la anorexia es antiestética).

— Piensa que a veces la anorexia comienza como un problema ajeno al tema alimentario. Elena Ochoa cita varios. ¿Puedes indentificarte con alguno de ellos? «Ser adolescente, las separaciones afectivas, la pérdida de un ser muy querido, las rupturas conyugales de los padres, los contactos sexuales no exitosos, el incremento rápido de peso, someterse a dietas drásticas para adelgazar en poco tiempo, las críticas constantes de los demás hacia el cuerpo, un ejercicio físico excesivo, entre otros.»

— Si tienes pérdida de valores, sientes que no sabes conducirte en un mundo tan disparatado y ves que tú misma entras en esa dinámica, incluso haciéndote anoréxica, piensa en qué cosas estás fallando si por tu cabeza corriera la idea de que la belleza es un valor esencial para la vida. Procura dejar las cosas en su sitio, porque sino puedes entrar en una espiral de incongruencias. No dediques una vida al culto del cuerpo. ¡Cuida el cuerpo, pero con la moderación y el límite que merece! La anorexia es, en algunos casos, el resultado de una pérdida de valores. Quizá porque los hombres aprecian en exceso la belleza del cuerpo femenino sean las mujeres las que se hagan esclavas para satisfacer ese valor. Sin embargo, la mujer formada y madura, la mujer con personalidad, no cae en dicha trampa y da a la belleza el lugar que le corresponde.

— Aunque muchos de tus problemas puedan estar localizados en la familia, piensa que también tú eres parte de ella y, por tanto, corres el peligro de imputar a los demás (aunque sea indirectamente) aquello de lo que tú también eres culpable. Así que la solución debe partir de ti y del grupo familiar. Entre todos lograréis salir del atolladero. Hay que hacerlo con tranquilidad, pero con la colaboración activa de todos. No seas dentro del grupo familiar una excepción.

— Si tú te pones delante del espejo y logras ser capaz de aceptarte mentalmente tal como eres, de un modo positivo, valorándote habrás logrado inmunizarte contra multitud de trastornos psicológicos. Serás más persona y eso te llevará hacia la auténtica belleza que no tiene que coincidir con la del escaparate. «Conócete a ti misma y valórate en positivo, y habrás logrado un dominio importante sobre tu persona.» Es necesario que trabajes para madurar más cada vez; para tener una personalidad fuerte que sea incapaz de ser zarandeada por problemas como el de la anorexia.

— Mira a ver si localizas algunos aspectos que debas tener en cuenta para salvar tu problema con la alimentación, entre algunos de los que expone Elena F. L. Ochoa: «La inseguridad constante a la hora de tomar decisiones. Los complejos físicos. La preocupación más o menos excesiva. La propia percepción de la imagen corporal. La tendencia a la tristeza y a la melancolía, sin motivo aparente. El excesivo nerviosismo en las relaciones sociales. La sobreexigencia en el rendimiento. La incapacidad para establecer relaciones afectivas estrechas. El miedo a no ser aceptado tal como uno es. La insatisfacción con uno mismo y las comparaciones con los demás.»

— En realidad, si tienes un trastorno alimentario, o eres anoréxica, no le des muchas vueltas ni trates de encontrar culpables. Esto puede producirse por una conjunción de factores, incluso de tipo biológico y hereditario por lo que una búsqueda de culpables es inadecuada. Simplemente tú y tu entorno debéis unir fuerzas para salir del atolladero. El apoyo de tu familia es clave para ti y también para ellos. Anímales tú misma a que te ayuden.

— No temas recaer. Lo importante es estar dispuesta siempre a empezar de nuevo con la intención de solucionarlo definitivamente en esta ocasión. Búscate el apoyo de los demás, comunícate todo lo que puedas con ellos y piensa que a veces lleva tiempo salir del atolladero, pero que se puede lograr...

ÍNDICE

INTRODUCCIÓN 7

Capítulo I:
NATURALEZA DE LA ANOREXIA 9
  Los afectados son fundamentalmente jóvenes 9
  Vías de difusión y agentes de transmisión 13
  La estética de una sociedad que admira
  la delgadez 14
  La mujer, víctima propiciatoria de la
  anorexia 17
  La anorexia, el trastorno de la credulidad 19
  El culo gordo que no gusta 21
  La chifladura de la sociedad 23
  La patología de la voluntad 30

Capítulo II:
LA ANOREXIA:
UNA LLAMADA DE ATENCIÓN 33
  Anoréxicos desde la niñez 33
  Alteraba con la comida los nervios
  de su madre 34
  La anorexia precoz 37
  Hambre y apetito 39
  Comer es algo más que comer 42

Chuparse el pulgar o ser anoréxicos   43
Síntomas y comportamientos   45
El descontento de la propia imagen
corporal   48
Autocontrol en la conducta de comer   51
La reflexión nos lleva a la solución
de las cosas   54

Capítulo III:
UN TERREMOTO: LA ADOLESCENCIA   59
La rebelión del adolescente   59
Lo que viene de la infancia…   60
En un ambiente dominante   63
La educación de la familia, en el ojo
del huracán   64
Las múltiples causas de la anorexia   66
La dimensión psicológica de la anorexia   70
Ser mujer adolescente y ser anoréxica   75
La rebeldía, un signo inequívoco de cambio   77
La anorexia: ¿un síntoma de rebeldía?   79
Integración a un mundo de mayores   82
El cuerpo a veces manda   84
En busca de la identidad personal   88
La personalidad inmadura del adolescente   90
La ansiedad en la adolescencia   91
No caer en la anorexia es una cuestión
de educación   96

Capítulo IV:
AYUDA A LA ANOREXIA   99
Cuadro clínico general de la anorexia   99
Especialistas y familia   102

Tomar conciencia de lo que me pasa 104
La colaboración de la familia 109
Condiciones de la familia que propician
la anorexia 110
La colaboración con el especialista 116
Los servicios asistenciales sanitarios 120
Objetivos básicos para tratar el tema
de la anorexia 124
Consecuencia última de la anorexia 129

Capítulo V:
OBJETIVO: «COMER MÁS» Y
«ESTAR MEJOR» 131
    La dieta equilibrada 131
    Saber comer, un tema educativo 133
    ¿Cómo controlar las grasas? 134
    La dieta correcta 135
    Qué, cuándo y cuánto comer 136
    Diez reglas para una buena alimentación,
    de Michael Hamm 138
    Evitar el sufrimiento por comer 138
    Consejos 140
    Con menos de un determinado peso
    entramos en peligro para la salud 140
    Premiarse porque, teniendo ganas de
    «no comer», uno come 142
    No comer es también un tema de «*coco*» 143
    Comer para vivir y no vivir para
    «*no comer*» 145
    La inflexibilidad ante el hecho de
    «*comer más*» 146
    Cambiar de actitud para «*comer más*» 147

Motivación para romper con el hábito
de no comer 149
Una trampa psicológica: justificarse
por no comer 150
Metacognición 152
Las causas por las que empecé a no comer ... 155
Hacerse preguntas y dar respuestas… 158
La baja autoestima 159
¡Merece la pena *comer más*! 160
No dejarse guiar 161
¡*No comer* deteriora nuestra
calidad de vida! 163
El *feedback* de la conducta de *no comer* ... 164
¿Quién soy? 166
Un programa sencillo pero eficaz:
el contrato 168

Capítulo VI:
CONSEJOS ÍNTIMOS PARA UNA
JOVEN ANORÉXICA 171